Konzepte der Humanwissenschaften

Peter B. Smith

Kleingruppen in Organisationen

Ernst Klett Verlag
Stuttgart

Aus dem Englischen übersetzt von
Klaus-M. Schomburg und Sylvia M. Schomburg-Scherff
Die Originalausgabe erschien unter dem Titel:
»Groups within Organizations. Applications
of Social Psychology to Organizational Behaviour«
bei Harper & Row, London

Printed in Germany 1976
Einbandgestaltung und Typographie: Heinz Edelmann
Satz und Druck: Hieronymus Mühlberger KG, Augsburg

CIP-Kurztitelaufnahme der Deutschen Bibliothek

Smith, Peter B.
Kleingruppen in Organisationen. – 1. Aufl. –
Stuttgart: Klett, 1976.
(Konzepte der Humanwissenschaften)
Einheitssacht.: Groups within organizations
[dt.].
ISBN 3-12-907170-9

Inhalt

Verzeichnis der Abbildungen und Tabellen

Abbildungen

Tabellen

Für Frances, Alison und Ruth

Vorwort

Dieses Buch verdankt seine Entstehung vor allem zwei Quellen. Die eine Quelle bilden meine Erfahrungen beim Unterrichten verschiedener Studentengenerationen in Sozialpsychologie. Jedes Jahr stieß ich auf berechtigten, wohlbegründeten Zweifel an der Aussagefähigkeit sozialpsychologischer Laboratoriumsexperimente bezüglich der Vorgänge in wirklichen Organisationen. Jedes Jahr war ich gezwungen, zu überdenken und herauszuarbeiten, was meinen Glauben begründet, daß Laborexperimente einige Relevanz besitzen, sofern sie in einer Weise interpretiert werden, die sowohl die Unterschiede als auch Übereinstimmungen zwischen Laborexperimenten und wirklichen Organisationen berücksichtigt.

Der zweite Anstoß zu diesem Werk entsprang meiner eigenen Lektüre über die Erforschung sozialer Interaktionen in Gruppen. Ich bin mit vielen der herkömmlichen Unterscheidungen immer unzufriedener geworden. Zum Beispiel sind »Konformität«, »Verhaltensänderung«, »Führerschaft« und »interpersonelle Anziehung« Begriffe, die oft verwandt werden, um soziale Beeinflussungsprozesse innerhalb von Organisationen zu beschreiben. Dennoch ist die Unterscheidung zwischen diesen Begriffen als getrennten Prozessen nirgendwo durch Untersuchungen überprüft worden, und ihre Beibehaltung scheint mehr auf Konvention als auf Forschungsergebnissen zu beruhen. Ich versuche in diesem Buch zu zeigen, daß es fruchtbarer ist, von nur zwei sozialen Beeinflussungsprozessen auszugehen: dem des sozialen Vergleichs und dem der sozialen Kontrolle (control). Ich habe mich bemüht zu zeigen, wie diese Begriffe dazu dienen können, gegenwärtige Forschungsansätze zu verknüpfen und die Implikationen einer solchen Forschung für die Untersuchung von Organisationen zu erhellen. Daraus folgt, daß das Buch sehr verständlich ist, sofern man es fortlaufend liest; die spätere Diskussion basiert auf der Behandlung sozialer Beeinflussungsprozesse in den Anfangskapiteln.

Für die Erlaubnis, Abbildungen wiederzugeben, möchte ich danken: dem McGraw-Hill Verlag (Abbildung 1), der *Personnel Psychology* (Abbildung 2), der American Psychological Association (Abbildung 7) und der Harvard Business School (Tabelle 1).

Die Unzulänglichkeiten dieses Buches habe ich selbst zu verantworten; aber ich möchte einigen Personen, die bei der Fertigstellung geholfen haben, meinen Dank aussprechen. John Child und Paul Kuipers fanden in mir einen recht widerstrebenden Autor, aber sie waren hartnäckig und bewegten mich schließlich dazu, das Buch zu Ende zu schreiben. John Child, Cary Cooper, Eve Godfrey, Tony Manstead, Roy Payne, Diana Pheysey, John Southgate, Frances Smith, Michael Willson und Karl Weick versahen einen früheren Entwurf mit wertvollen Anmerkungen. Angela Pead und Sue Calver schrieben das Manuskript.

Brighton, Juli 1972 Peter B. Smith

1 Einleitung

Dieses Buch beschäftigt sich damit, wie wir gegenseitig unser Verhalten beeinflussen. Was es mitteilen möchte, geht auf Forschungsarbeiten der letzten dreißig oder vierzig Jahre zurück. Die Forschung war detailliert, mühselig und oft verwirrend, und noch immer haben wir den Punkt nicht erreicht, an dem klare und einheitliche Prinzipien zum Vorschein kommen. Um einen kurzen Überblick zu geben, ist es zu Beginn vielleicht zweckmäßig, das, was gesagt werden soll, in einigen Abschnitten zusammenfassen.

Bei der Analyse unserer gegenseitigen Beeinflussung haben es die Sozialwissenschaftler zweckmäßig gefunden, zwischen kleinen (face-to-face) Gruppen und den häufig größeren Organisationen, die für unsere Gesellschaft so charakteristisch sind, zu unterscheiden. Eine *Organisation* ist ein soziales System, das mit der erklärten Absicht gebildet wurde, seine Mitglieder auf die Erreichung eines bestimmten Zieles hin zu beeinflussen. Eine *Gruppe* andererseits mag auf verschiedene Weise entstehen; sie zeichnet sich aber durch das Bestehen ständiger direkter (face-to-face) Beziehungen zwischen ihren Mitgliedern aus. Auch Gruppenmitglieder beeinflussen sich sehr häufig gegenseitig. In den vergangenen Jahren hat sich die Analyse von Organisationsverhalten ziemlich unabhängig von der Untersuchung sozialer Beeinflussung in Gruppen entwickelt. Es ist aber wichtig, diese beiden Gebiete wechselseitig aufeinander zu beziehen, weil Organisationen zum überwiegenden Teil aus ineinandergreifenden Systemen zahlloser Kleingruppen bestehen. Dieses Buch unternimmt den Versuch, ein paar Brücken zwischen beiden Gebieten zu schlagen.

Die Möglichkeiten sozialen Einflusses in Organisationen sind wahrscheinlich ziemlich gering. Dieses Buch geht von der Annahme aus, daß es tatsächlich nur zwei grundlegende Prozesse sozialer Beeinflussung gibt, die wir sozialen Vergleich und soziale Kontrolle nennen wollen. Sozialer Vergleich entsteht in jeder Situation, in der man sich einer anderen Person als Bezugspunkt zur Bestimmung der eigenen Handlungen bedient. Das könnte der Fall sein, wenn man seiner selbst nicht sicher ist. Das könnte aber ebenso auf eine Situation zutreffen, in der das eigene Verhältnis zu einer anderen Person einen veranlaßt, sich genauso wie diese Person zu benehmen oder auch genau entgegengesetzt. In jedem dieser Fälle kommt es zu einem Prozeß *sozialen Vergleichs*. Dieser Prozeß wird im einzelnen in Kapitel 2 untersucht. Eine zweite Form der Beeinflussung erfolgt, wenn eine andere Person von einem verlangt, sich in einer ganz bestimmten Weise zu verhalten. Eine solche Person könnte ein ernannter Führer sein; ebensogut aber könnte es jemand sein, der kein klar definiertes *Recht* zum Befehlen hat, einen aber nichtsdestoweniger zu beeinflussen versucht. Dieser zweite Prozeß soll als Kontrollprozeß bezeichnet werden.

Bevor ein Überblick über die restlichen Kapitel des Buches gegeben wird, lohnt es sich innezuhalten und zu überlegen, ob es irgendwelche besonderen Gründe gibt, die es sinnvoll erscheinen lassen, Beeinflussung eher in zwei als in einen oder drei oder eine sonstige Anzahl von Prozessen zu unterscheiden. Sehr viele Studien, von denen wir einige gleich untersuchen werden, sind zu der Auffassung gelangt, daß es hauptsächlich zwei Verhaltensdimensionen in Gruppen gibt. Solche Schlüsse sind zum Beispiel aus der Untersuchung von Führerverhalten, aus der Beurteilung von Kleingruppendiskussionen und aus Studien zur Eltern-Kind-Interaktion gezogen worden. Danziger (1971) hat angedeutet, warum das so sein könnte. Er weist darauf hin, daß an sozialen Beeinflussungsprozessen fast immer nur zwei Parteien beteiligt sind. An einigen Stellen des Buches werden wir auf sie als »Person« (P) und »andere Person« (A) Bezug nehmen. Selbst wenn wir komplexere Formen organisatorischer Beeinflussung untersuchen werden, sind trotzdem häufig nur zwei Parteien am Beeinflussungsprozeß beteiligt, auch wenn er viele Individuen betrifft. Wenn es nur zwei am Beeinflussungsprozeß Beteiligte gibt, dann gibt es ganz klar zwei mögliche Formen des Einflusses. Erstens: Die eine Person (P) kann sich freiwillig entschließen, ihr Verhalten an dem der anderen Person (A) auszurichten; zweitens: P kann auf irgendeinen absichtlichen Druck von A, sich in einer bestimmten Weise zu verhalten, reagieren. Diese zwei möglichen Beeinflussungsformen entsprechen den Prozessen, die hier mit sozialem Vergleich und sozialer Kontrolle bezeichnet werden.

Nach der Untersuchung der zwei Hauptbeeinflussungsprozesse in Kapitel 2 und 3 befassen sich die nächsten drei Kapitel mit einer Reihe von Beschränkungen und Grenzen bei der Anwendung dieser Begriffe auf unterschiedliche Situationen. In Kapitel 4 werden die Eigentümlichkeiten der physischen Umwelt untersucht, wie also die Umwelt soziale Beeinflussungsprozesse modifiziert und einschränkt. Die Funktionsfähigkeit einer Gruppe oder Organisation spiegelt das Maß an Gleichgewicht wieder, das sie zwischen den inneren Einflußprozessen und der Umwelt, in der sie funktioniert, erreicht. Kapitel 5 ist einer Analyse dieser Aussage in Anwendung auf Kleingruppen gewidmet. Die Effizienz von Organisationen hängt nicht nur von den Prozessen ab, die sich innerhalb der Gruppen abspielen, sondern auch von den Beziehungen zwischen verschiedenen Gruppen. Gruppen wie Individuen stellen soziale Vergleiche untereinander an und erheben gegenseitig Kontrollansprüche. Diese Prozesse werden in Kapitel 6 beschrieben. Sozialer Einfluß, wie er in Gruppen und Organisationen vorkommt, unterliegt zeitlicher Einschränkung. Wenn man sich daüber im klaren ist, bringt die zeitliche Begrenztheit Vorteile, die zur Stimulierung von Flexibilität und Veränderung benutzt werden können. Kapitel 7 erörtert Gruppentrainingsverfahren, die hier ihren Ausgang nehmen. Mitgliedschaft an zeitlich begrenzten Gruppen kann oft verhindern, daß eine Veränderung in überdauernden Organisationen (von denen die zeitlich begrenzten Gruppen abstammen) eintritt. Das Problem, wie Veränderung in Organisationen — oft auch Organisationsentwicklung genannt — eingeleitet werden kann, ist Gegenstand des letzten Kapitels.

Eines der größten Probleme, dem sich die Sozialwissenschaften gegenwärtig gegenüber sehen, ist die Kluft zwischen dem Verstehen eines Phänomens und der Fähigkeit, es zu ändern. In der Chemie ist es relativ einfach, eine bestimmte Verbindung in etwas anderes zu transformieren, wenn man ihre Eigenschaften kennt. Aber wenn man die Gründe kennt, die einen Konflikt zwischen zwei Gruppen entstehen lassen, erleichtert das nicht notwendigerweise die Einflußnahme auf das Ergebnis dieses Konfliktes. Wirkungsvoll in eine Situation eingreifen zu können, mag ganz andere Fertigkeiten erfordern als zu ihrem Verständnis nötig sind. Das trifft teilweise auch auf die Naturwissenschaften zu; man muß nicht nur um die Eigenschaften bestimmter Verbindungen wissen, sondern auch über die praktischen Fertigkeiten verfügen, ein bestimmtes Experiment durchführen zu können. Aber in der Chemie sind die theoretischen Probleme schwierig, und die praktischen Fähigkeiten sind relativ leicht zu erwerben. In den Sozialwissenschaften dagegen sind die theoretischen Modelle nicht so schwer in den Griff zu bekommen, während die praktische Verwirklichung der Veränderung ein Hauptproblem darstellt. Eine Reihe von Unterschieden zwischen den Naturwissenschaften und den Sozialwissenschaften ist dafür verantwortlich.

Die beiden vielleicht bedeutendsten Unterschiede sind das Maß an Kontrolle, das der Naturwissenschaftler über seine Materialien besitzt und die Beständigkeit der Eigenschaften eines gegebenen Stoffes in den Naturwissenschaften. Der Chemiker kann die Reinheit seiner Substanzen, die Bedingungen, unter denen sie reagieren und die Dauer der Reaktion in beträchtlichem Maß kontrollieren. Der Sozialwissenschaftler ist nie in dieser Position. Die Personen, deren Verhalten er untersucht, weisen eine unendlich viel größere Veränderlichkeit auf, und die Bedingungen, unter denen sie interagieren, sind nur zum Teil kontrollierbar. Unterschiedliche Menschen nehmen eine Situation, die objektiv identisch ist, auf unterschiedliche Weise wahr und machen damit den Versuch des Sozialwissenschaftlers, eine Situation zu standardisieren, zunichte. Er mag den Zweck seiner Untersuchung vielen Leuten mit identischen Worten erklären; aber die eine Person wird darauf achten, was er sagt, eine zweite mehr auf die Unbefangenheit oder Ängstlichkeit, mit der er es sagt. Eine dritte wird die Erklärung überhaupt nicht mitbekommen, weil sie mit etwas anderem beschäftigt ist, und eine vierte Person wird voll Mißtrauen alle seine Worte auf Anzeichen unaufrichtiger Absichten des Forschers überprüfen.

Ein dritter wichtiger Unterschied zwischen Naturwissenschaften und Sozialwissenschaften besteht in dem, was Homans (1967) die »Geschichtlichkeit« der Sozialwissenschaften genannt hat. Mit anderen Worten: Das Verhalten der Menschen wird von ihren früheren Erfahrungen beeinflußt. Gruppen werden in unterschiedlicher Weise auf einen autokratisch herrschenden Führer reagieren, je nachdem, ob sie an diesen Führungsstil gewöhnt sind oder ob sie mehr an einen Führer gewöhnt sind, der die Entscheidungen gemeinsam mit seiner Gruppe trifft (z. B. Lippitt und White, 1958). Im Gegensatz dazu können die von Naturwissenschaftlern untersuchten Reaktionen leichter wiederholt werden. Sauerstoffatome verhalten sich immer gleich, ganz egal, ob sie vorher Bestandteil eines Zuckermoleküls, von Wasser oder kaustischem Soda (Natriumhydroxyd) gewesen sind. Kurz: Menschen erinnern sich an manches, was sie erleben, und dadurch wird jede einzelne Erfahrung bedeutsam.

In den ersten Kapiteln dieses Buches liegt die Betonung auf dem Verständnis des in Gruppen und Organisationen beobachtbaren Verhaltens. Später wird sich das Gewicht mehr auf die Methoden verlagern, mit denen Veränderung herbeigeführt werden kann. Diese Reihenfolge spiegelt die Entwicklungsrichtung dieses Untersuchungsgebietes wieder. Die Untersuchungen, die einen ersten Hinweis darauf geben, was es zu verstehen galt, waren die berühmten »Hawthorne«-Studien. Sie wurden in den Hawthorne-Werken der Western Electric Company in Chicago in den späten 20er Jahren durchgeführt (Roethlisberger und Dickson, 1939). In der ersten Untersuchung (»Relay Assembly Test Room«) wurden in einer Gruppe von fünf Mädchen verschiedene Änderungen der Arbeitsbedingungen vorgenommen. Man fand heraus, daß die Produktivität der Mädchen anstieg, egal welcher Art die vorgenommenen Veränderungen waren. Das traf sogar noch nach der dreizehnten Veränderung zu, die

darin bestand, daß alle vorher eingeführten Verbesserungen rückgängig gemacht wurden und der Status-quo wieder hergestellt wurde. Die Tatsache, daß die Produktivität der Mädchen weiterhin anstieg, ist ein klarer Beweis für die »Geschichtlichkeit« ihrer Reaktionen. Die Forscher gemacht wurden und der Status quo wieder hergestellt wurde. Die Tatsache zuzuschreiben war, daß die Versuchsleiter auf jeder Stufe des Experimentes mit den Mädchen besprochen hatten, welche Veränderungen als nächste eingeführt werden sollten. Dadurch, daß sie Interesse an den Mädchen bekundeten, hatten sie unbeabsichtigterweise die Situation verändert. In einer zweiten Untersuchung (»Bank Wiring Observation Room«) war eine Gruppe von vierzehn Männern fast neun Monate lang damit beschäftigt, Telefonschaltbänke zu verdrahten; dabei standen sie unter ständiger Beobachtung. Es wurden absichtlich keine Veränderungen eingeführt. Das Interesse der Forscher wurde besonders durch die außerordentliche Beständigkeit der zu beobachtenden Leistung der Männer geweckt. Sie folgerten, daß das Produktivitätsniveau beträchtlich unter dem lag, was die Männer hätten leisten können und daß es von einer Vielfalt sozialer Einflüsse innerhalb der Arbeitsgruppe auf der beobachteten Höhe gehalten wurde. Sie beobachteten besonders, in welcher Weise denen, die täglich um die 6600 Verbindungen verdrahteten, von den anderen Anerkennung und Wohlwollen entgegengebracht wurde. Diejenigen, die härter arbeiteten, versuchten diese Tatsache zu verheimlichen und diejenigen, die unter dem Soll arbeiteten, bekamen die Mißbilligung der Gruppe auf verschiedene Weise zu spüren.
Den Hawthorne-Studien wurde eine relativ viel zu große Beweiskraft zugeschrieben. Besonders den Daten des »Relay Assembly Test Room« ist von Anfang an nicht zu trauen gewesen, da sie auf nur fünf Mädchen basierten und zwei davon mitten im Experiment ausgewechselt wurden. Nachdem einige Zeit vergangen ist und eine zunehmende Datenfülle aus anderen Situationen vorliegt, wird es leicht ersichtlich, daß manche Ergebnisse typisch für Ort und Zeit der Studie waren. Carey (1967) bezweifelt, ob die Untersuchungen überhaupt viel beweisen. In vieler Hinsicht ist das, was die Studien zeigten, nicht mehr von Bedeutung; sie sind aber zweifellos zum Ausgangspunkt für das wachsende Interesse an der Untersuchung von Gruppen- und Organisationsverhalten geworden. Die Hawthorne-Studien stellten einen ersten groben Versuch dar, wissenschaftliche Methoden auf die Analyse des Verhaltens in Organisationen anzuwenden. Bei der ersten Studie entschied man sich für eine experimentelle und bei der zweiten mehr für eine naturalistisch-beobachtende Verfahrensweise. Der beobachtende Ansatz erwies sich bei den Hawthorne-Studien als der fruchtbarere. Er erbrachte eine reiche Aus-

beute an Informationen, die dazu verwandt werden konnten, Hypothesen über Gruppenverhalten aufzustellen. »Die menschliche Gruppe«, ein einflußreiches Buch, das in genau dieser Weise von den Daten des »Bank Wiring Observation Room« Gebrauch machte, wurde 1950 von Homans veröffentlicht.

Damit diese Hypothesen über Gruppen getestet werden können, muß man verstärkt experimentelle Methoden anwenden. Für die Beschreibung von Gruppengeschehen ist die Methode der Beobachtung am besten geeignet; Experimente hingegen eignen sich am besten zur Bestimmung der Ursachen, die zu den beobachteten Ereignissen geführt haben. Wenn zum Beispiel die »Bank-Wiring«-Studie in mehreren verschiedenen Fabriken wiederholt würde (siehe z. B. Lupton, 1963), wären wir in der Lage, Aussagen darüber zu machen, wie verbreitet restriktive Produktionsnormen sind. Wir könnten aber nicht sehr viel darüber aussagen, was restriktive Produktionsnormen entstehen läßt. Die Gruppen-Untersuchungen der letzten dreißig Jahre haben sich sehr stark in Richtung der experimentellen Methoden entwickelt. Die Forscher waren bemüht, mehr und mehr den Forschungsmethoden der Naturwissenschaftler näher zu kommen. Sie haben es für erwiesen gehalten, daß soziale Beeinflussungsprozesse häufig in Gruppen und Organisationen, die die Gesellschaft ausmachen, auftreten und haben versucht, ähnliche Prozesse unter kontrollierten Laboratoriumsbedingungen zu erzeugen.

Ein früher Versuch, experimentelle Methoden anzuwenden, war der von Lippitt und White (1958). In schon existierenden Jugendclubs versuchten sie, die Auswirkungen dreier verschiedener Arten von Führerverhalten zu vergleichen. Clubmitglieder waren elfjährige Jungen, die Leiter waren Erwachsene, die in jedem Club eine andere Führerrolle spielen sollten. Jeder Club erlebte nacheinander die verschiedenen Führungsstile, wobei jeder Führer in jedem Club eine andere Rolle spielte. Das Experiment beeindruckt in vieler Hinsicht. Es ergab, daß der »demokratische« Führungsstil dem »autokratischen« und dem »laissez-faire«-Stil in einiger Hinsicht überlegen war. Unter dem autokratischen Führungsstil stellten die Kinder jedoch die meisten Masken her. Das Experiment zeigt, wie eine experimentelle Veränderung in einer Gruppe meßbare Auswirkungen zur Folge haben kann. Aber es ist nicht mit letzter Sicherheit zu sagen, was genau an der Anordnung des Experiments zu den festgestellten Ergebnissen geführt hat. Natürlich könnte es sein, daß sie, egal welche Lebensumstände gerade vorherrschen, in dieser Form auftreten, aber genauso wäre es möglich, daß irgendeine Auswahl anderer Faktoren, als die in Rechnung gestellten, zu diesem Resultat beigetragen hat. Zum Beispiel:

(1) Das Experiment wurde in den späten 30er Jahren durchgeführt, zu einer Zeit, als weltweite Betroffenheit über totalitäre Regierungssysteme herrschte.

(2) Das Experiment fand in den Vereinigten Staaten, einem Land statt, in dem der Teilnahme an Entscheidungsprozessen großer Wert beigemessen wurde.

(3) Die Versuchspersonen des Experiments waren Kinder, die Führer dagegen Erwachsene; wenn das auch für einige Führungsprozesse in unserer Gesellschaft charakteristisch ist, ist es doch für andere untypisch.

(4) Der Arbeitsbericht der Forscher läßt kaum Zweifel darüber aufkommen, daß sie persönlich den demokratischen Führungsstil bevorzugten. Es ist gut möglich, daß sie diesen Stil im Rollenspiel überzeugender darstellten als die beiden anderen Stile.

Man könnte einwenden, dies sei übertriebene Kritik, die nichts weiter bewirkt, als daß die ursprüngliche Eindeutigkeit des Experiments verwischt wird. Forscher im Feld würden erwidern, daß wir nur dann Sicherheit darüber erlangen können, daß die untersuchten Effekte generell und nicht nur auf die spezifische Situation zutreffen, wenn wir uns um solche unkontrollierten (und unkontrollierbaren) Unterschiede zwischen einem Experiment und dem nächsten kümmern.

Das Feldexperiment von Lippitt und White ist insofern relativ natürlich, als es in schon bestehenden Jugendclubs durchgeführt wurde. Die meisten neueren Experimente bedienen sich eines viel radikaler vereinfachten Settings. Zum Beispiel ist es für Experimente, die sich mit den Determinanten des Verhandlungsverhaltens beschäftigen (Gergen, 1969) typisch, daß sie eine Anordnung verwenden, bei dem zwei Spieler miteinander verhandeln und jeder nur zwischen zwei alternativen Handlungsweisen wählen kann. In vielen Experimenten wird sogar auf den zweiten Spieler verzichtet: Man läßt die Versuchsperson glauben, daß sie mit jemand anderem verhandelt, aber in Wirklichkeit werden die Mitteilungen, die sie empfängt, vom Versuchsleiter vorher festgelegt. So kann der Versuchsleiter herausfinden, welche Reaktionen er auf verschiedene kooperative oder konkurrierende Strategien erhält; das wäre niemals möglich, wenn er nur Situationen mit zwei echten Verhandlungspartnern untersuchen würde.

Der Trend zur Untersuchung sozialen Einflusses geht deshalb dahin, immer stärker vereinfachte, aber in hohem Maße kontrollierte Situationen zu schaffen. Es kann zwar leicht behauptet werden, solche Situationen seien »künstlich« und was sich in ihnen abspiele, besitze geringe Bedeutung für das Verhalten in »natürlichen« Gruppen oder Organisationen. Diese Kritik muß aber sorgfältig überprüft werden, da die Mehrzahl der in diesem Buch dargestellten Forschungsergebnisse gerade aus solchen »künstlichen« Situationen stammen.

Die Künstlichkeit des Laborexperiments in der Sozialpsychologie hat verschiedene Ursachen, von denen die folgenden vielleicht die wichtigsten sind: Teilnehmer an Laborexperimenten kennen sich gewöhnlich nicht, die Experimente dauern in der Regel nicht lange, und die Teilnehmer sind ziemlich oft Studenten. Wir wollen diese Punkte der Reihe nach untersuchen.

Zu Beginn dieses Kapitels wurde gesagt, daß eine Gruppe durch die Existenz kontinuierlicher Beziehungen zwischen ihren Mitgliedern charakterisiert werden könnte. Im Sinne dieser Definition handelt es sich bei vielen Laborexperimenten überhaupt nicht um Gruppen-Untersuchungen. Golembiewsky (1962) schlägt deshalb vor, sie als »Gesamtheiten« (collectivities) zu beschreiben, damit der Unterschied deutlich wird zwischen Begegnungen anfänglich Fremder und Begegnungen einer Anzahl von Leuten mit bereits bestehenden interpersonellen Beziehungen. Offensichtlich gibt es Unterschiede zwischen lang bestehenden Gruppen und experimentellen »Gesamtheiten« (collectivities). Die Frage ist, ob diese Unterschiede unser Vermögen, die eine durch das Studium der anderen zu verstehen, beeinträchtigen werden. Weick (1967) hat angedeutet, worin einige dieser Unterschiede bestehen könnten. Er meint, daß der Teilnehmer eines Experimentes große Ähnlichkeit mit jemandem hat, der den ersten Tag an seiner Arbeitsstelle ist:

> Eine Person, die an einem Experiment teilnimmt, besitzt Ähnlichkeit mit einem Neuling an einer Arbeitsstelle; er hat oft wenig Vertrauen in sein Urteilsvermögen, ist leicht beeinflußbar, mißversteht Instruktionen, ist uninformiert, findet die Arbeit neuartig und interessant, ist vorsichtig und kommt vielen Forderungen nach, die ihn in vertrauteren Umgebungen wütend machen würden. Viele dieser Verhaltensweisen geben sich, sobald er sich an seine Aufgabe gewöhnt.

Das deutet darauf hin, daß in »Gesamtheiten« Mitglieder sich mit größerer Wahrscheinlichkeit danach richten, was die anderen Mitglieder oder der Experimentleiter von ihnen erwarten. Wenn wir daher anhand solcher Experimente das *Ausmaß* sozialen Einflusses in Gruppen einschätzen wollen, werden wir mit Sicherheit irregeführt. Die Experimente von Asch (1956) zum Beispiel werden oft zitiert, um konformes Verhalten zu illustrieren. Die Teilnehmer dieses Experimentes wurden von Komplizen des Versuchsleiters, die absichtlich falsche Antworten gaben, derartig unter Druck gesetzt, daß sie die Länge bestimmter Linien falsch wahrnahmen. Diese Art Experiment sagt sicher nichts über das Auftreten von Konformität in anderen Situationen aus. Wenn wir aber erforschen wollen, *warum* Menschen unter bestimmten Bedingungen sich den Aussagen anderer anpassen, dann ist diese Situation ebensogut wie jede andere, in der diese Gründe untersucht werden sollen, geeignet.

Der Auffassung, daß Gruppen »natürlich«, »Gesamtheiten« dagegen »künstlich« seien, sollte entgegengetreten werden. In Kapitel 4 werden wir prüfen, in welcher Weise die Umwelt die Entstehung jeder Gruppe oder Organisation behindert. Man kann sich sinnvollerweise weder eine Gruppe noch eine Organisation in einem Vakuum vorstellen; ihre Form und Struktur ergeben sich aus dem Wechselspiel zwischen Menschen und ihrer Umwelt. In der Tat entstehen Gruppen oft aus anfänglichen »Gesamtheiten«. Newcomb (1961) hat aufgezeichnet, wie sich die Beziehungen in einer »Gesamtheit« von siebzehn Studenten an der Universität von Michigan im Laufe eines Jahres entwickelten. Den Studenten wurde freie Unterkunft in einem Haus angeboten; als Gegenleistung sollten sie sich für Newcombs Studie als Versuchspersonen zur Verfügung stellen. Vielleicht entstehen »natürliche« Gruppen ziemlich oft infolge einer solchen umweltbedingten Nähe.

Als zweiter Aspekt der Laborexperimente soll deren kurze Dauer diskutiert werden. Wenn Experimente von kurzer Dauer sind, sollte man erwarten, daß sich die meisten Teilnehmer nicht viel Gedanken machen werden, was da passiert. Ihre langfristigen Beziehungen sollten für sie wichtiger sein. Die einfachste Art, sich so wenig wie möglich innerlich zu beteiligen, besteht darin, das zu tun, was von einem erwartet wird und dann zu etwas Interessanterem überzugehen. Dieser Gedankengang wird von Hovland (1959) gestützt. Er berichtet, daß Experimentleiter oft ausgeprägte Verhaltensänderungen bei einem Drittel bis zu der Hälfte ihrer Versuchspersonen registrierten, während Feldforscher, die die Auswirkungen der Massenmedien untersuchten, von einem viel geringeren Auftreten von Veränderungen sprechen. Auch neuere Forschungen seit der Erfindung des Fernsehens modifizieren diese Schlußfolgerung nicht (Weiss, 1969). Hovland ist der Ansicht, daß das kurzfristige Experiment die Aufmerksamkeit auf eine bestimmte Information lenkt, die von einem Versuchsleiter mit hohem Prestige einer Versuchsperson, um die man sich nicht allzu sehr kümmert, übermittelt wird. Andererseits hat man herausgefunden, daß Menschen auf Massenmedien selektiv, ignorierend, verzerrend und vergeßlich reagieren oder Mitteilungen, mit denen sie nicht übereinstimmen, einfach abschalten. Zumindest einige dieser Mitteilungen behandeln Themen, die wichtig für sie sind. Kurzzeitlaborexperimente werden also kaum geeignet sein, das *Ausmaß* an Meinungsänderung angeben zu können, das in der Gesellschaft zu erwarten ist; sie schaffen aber eine Situation, in der Personen auf Nachrichten, die sie empfangen, achten. Deshalb sind sie sehr gut zum Studium der Faktoren geeignet, die Menschen manchmal dazu veranlassen, ihre Meinungen zu ändern.

Ein anderer häufig kritisierter Aspekt an Laborexperimenten ist, daß die Versuchspersonen sehr oft Studenten sind. Das liegt gewöhnlich daran, daß sie viel leichter als irgend jemand sonst erreichbar sind. Da sich Studenten hinsichtlich Alter, sozialer Schicht, Intelligenz und Motivation beträchtlich von der allgemeinen Bevölkerung unterscheiden, ist es schwierig, diesen Sachverhalt zu verteidigen. In den letzten Jahren läßt sich die Tendenz erkennen, Versuchspersonen aus einem größeren Bereich zu wählen. Einer der kritischsten Punkte bei der Verwendung von Studenten ist, daß sie derselben Organisation wie der Versuchsleiter angehören. Psychologiestudenten an Universitäten sind oft verpflichtet, an einer bestimmten Anzahl von Experimenten teilzunehmen, und an jeder Universität werden sich die Studenten bewußt sein, daß eine unklare Verbindung zwischen dem Versuchsleiter und denen, die seine Stellung an der Universität beurteilen, existiert. Diese Eigenschaften der Experimente mit Studenten zeigen, daß man wirklich mit Verallgemeinerungen aus einer Reihe von Experimenten vorsichtig sein sollte, bevor nicht wenigstens einige davon mit anderen Populationen durchgeführt worden sind.

Argyris (1968) hat einige Ähnlichkeiten zwischen der Versuchsperson in einem psychologischen Experiment und dem Arbeiter in einer Fabrik beschrieben. Er macht darauf aufmerksam, daß die Personen in beiden Situationen ganz präzise Instruktionen erhalten, was, aber nicht, warum sie etwas tun sollten. Die Autoritätsperson ist sogar in beiden Situationen so daran interessiert, ihre Ziele zu verbergen, daß sie mit bestimmten Täuschungen arbeitet. Das mag in Form einer Lüge geschehen, häufiger aber bleiben Dinge ungesagt, die, wenn sie angesprochen würden, zuviel enthüllten. Die Teilnehmer sind also in beiden Situationen willkürlicher Kontrolle unterworfen, so daß sie die Aufgaben erfüllen müssen, deren Bedeutung wenig einleuchtend ist. Argyris steht diesem Sachverhalt kritisch gegenüber aus Gründen, die wir kurz betrachten wollen; zuerst wollen wir jedoch die Vorteile dieser Konvergenz in Betracht ziehen. Ausübung willkürlicher Kontrolle ist nicht nur für die Industrie, sondern auch für alle größeren Organisationen unserer Gesellschaft charakteristisch: für Schulen, Krankenhäuser, Universitäten und Unternehmen. Auf den unteren Ebenen ist Kontrolle gewöhnlich willkürlicher, und auf den höheren Ebenen ist sie besser durchdacht; aber sogar auf den höheren Ebenen ist Geheimhaltung weit verbreitet. Argyris (1969) hat umfangreiches Material von Zusammenkünften des höheren Managements vorgelegt, das diese Ansicht erhärtet. Wenn dieses Verhalten so weit verbreitet ist, dann ist sein Auftreten im Laborexperiment eher ein Vorzug als ein Handikap. Es ist ein Hinweis dafür, daß das, was in den Experimenten geschieht, wahrscheinlich dem entspricht (vielleicht in verstärkter Form), was in Organisationen vor sich geht. Diese Tatsache sollte lieber mit in Betracht gezogen und in die Analysen der Gründe für das Zustandekommen der Ergebnisse eingeschlossen werden, als sie aus dem Experiment auszuklammern.

Man könnte vielleicht mit Argyris (1968) einwenden, daß Verheimlichung unnatürlich ist und daß man, wenn man aus sich gegenseitig Fremden bestehende Gruppen oder T-Gruppen (beschrieben in Kapitel 7) untersucht, stattdessen ein offenes, vertrauensvolles und rücksichtsvolles Verhaltensmuster vorfindet. Solche Gruppen sind es genauso wert, untersucht zu werden und sind sowohl innerhalb als auch außerhalb von Organisationen anzutreffen. Es scheint aber nicht viel zu helfen, einen Gruppentyp als natürlicher als den anderen zu bezeichnen. Sehr wahrscheinlich liegt der Unterschied in der Verschiedenartigkeit der bei hohem und geringem Machtgefälle entstehenden Arten von Gruppenstrukturen. Der Standpunkt von Argyris hat etwas mit dem Standpunkt mancher Marxisten gemeinsam, die behaupten, indem man Gruppen und Organisationen, so wie sie in unserer Gesellschaft existieren, beschreibe, impliziere man, daß es unmöglich sei, die Gesellschaft auf irgendeine andere Weise zu strukturieren; es handele sich also dabei um ein Instrument zur Erhaltung des Status quo. In diesem Buch wird der Standpunkt vertreten, daß alle potentiellen Veränderungen in unserer Gesellschaft in der Tat aus einer eingehenden Untersuchung der Dinge, wie sie sich gegenwärtig darstellen, hervorgehen sollten. Eine derartige Untersuchung kann uns einige Begriffe liefern, mit deren Hilfe die Wahrscheinlichkeit des Gelingens verschiedener Arten von Innovationen eingeschätzt und vorausgesagt werden kann. In Übereinstimmung damit beschäftigen sich die ersten sechs Kapitel dieses Buches fast ausschließlich mit Untersuchungen über Gruppen und Organisationen, wie sie gegenwärtig existieren. Im Mittelpunkt der beiden Schlußkapitel steht die Analyse einiger Aspekte von Innovation und Veränderung, die sich auf die vorher entwickelten Gedanken stützen.

Es ist nun an der Zeit, zu dem grundlegenden Thema dieses Buches zurückzukehren, dem Verhältnis zwischen Gruppenverhalten und organisatorischem Verhalten. Wir haben eine Gruppe als eine Anzahl von Menschen charakterisiert, die fortlaufende direkte (face-to-face) Beziehungen unterhalten, und eine Organisation als ein soziales System, das mit der Absicht gegründet wurde, seine Mitglieder im Hinblick auf die Erreichung von Zielen zu beeinflussen. Zweifellos ist eine Überschneidung dieser beiden Definitionen möglich. Ein Farmer mit einem halben Dutzend Angestellter oder ein Schneider mit einem Gehilfen würden beide sowohl eine Gruppe als auch eine Organisation darstellen. Aber sobald ein System an Umfang zunimmt, wird es für jeden schnell unmöglich, mit jedem anderen direkte Kontakte zu unterhalten. Selbst unter den vierzehn Männern des »Bank Observation Room« existierten Anzeichen einer Spaltung in zwei Cliquen; die eine saß im vorderen Teil des Raumes, die andere im hinteren. In den Kapiteln 2 und 3 soll anhand einer genauen Beschreibung deutlich gemacht werden, wie mächtig der Einfluß ist, den Gruppen auf ihre Mitglieder haben. Selbst die viel größere Organisation kann nicht dafür garantieren, ihre Mitglieder so stark beeinflussen zu können. Natürlich werden die Gruppen, die die Organisationen ausmachen, *ihre* Mitglieder beeinflussen, aber der Einfluß der Gruppe kann in einer Richtung verlaufen, die von dem beabsichtigten Einfluß der Organisation ganz verschieden ist. Das wurde an der »Bank Wiring-Studie« illustriert: Die Gruppenstandards zeigten eher die Tendenz, die Produktivität niedrig zu halten als sie zu erhöhen.

Die »Bank Wiring-Studie« veranschaulicht eine Situation, in der die Gruppenziele mit den Zielen der Organisation in Konflikt standen. Daraus sollte nicht der Schluß gezogen werden, daß solche Konflikte nur zwischen Industriearbeitergruppen und dem Management auftreten. Dalton (1959) hat zahlreiche Konfliktfälle zwischen Managergruppen und ihren Organisationen aufgezeigt. Solche Konflikte werden häufig, aber nicht immer auftreten. Sie können offensichtlich ernster oder weniger ernster Natur sein. Likert (1961) hat eine Theorie des Verhaltens von Organisationen entworfen, nach der das System sich überschneidender Gruppenmitgliedschaften, aus denen sich eine große Organisation zusammensetzt, den Hauptbeeinflussungskanal innerhalb der Organisation ausmacht. Die Rolle eines Managers besteht nach Likert darin, als Bindeglied zwischen den verschiedenen Gruppen, denen er angehört, zu fungieren. In einigen dieser Gruppen wird er viel Macht besitzen, falls er der in der Organisation Höherstehende ist, andere Gruppen werden Gruppen von Kollegen sein und wieder in anderen Gruppen wird er eine untergeordnete Stellung einnehmen. Abbildung 1 zeigt die graphische Darstellung einer in dieser Weise entworfenen Organisation. Die Aufgabe des Inhabers einer bestimmten Rolle bestünde darin sicherzustellen, daß gegenseitige Forderungen der verschiedenen Gruppen mitgeteilt werden und daß über sie entschieden wird. Wie leicht oder wie schwierig das ist, hängt von der Art der verschiedenen Gruppen ab und von den Aufgaben, die sie zu erfüllen haben.

Außerdem entstehen Gruppen häufig, aber nicht immer, als Untereinheiten großer Organisationen. Wie beeinflußt das unsere frühere Diskussion des Laborexperiments? Experimente stellen eine Form zeitlich

Abb. 1 *Likerts Bindeglied-Modell einer Organisation*

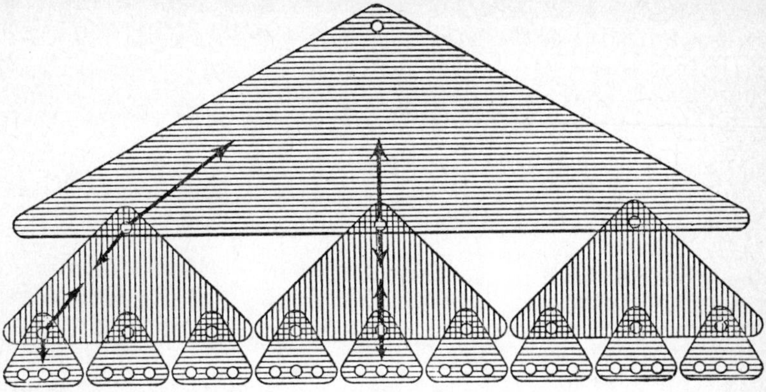

Entnommen aus »*New Patterns of Management*« von R. Likert. Copyright 1961 by R. Likert. Abgedruckt mit Erlaubnis der McGraw-Hill Book Company.

begrenzter Organisationen dar: Sie sind so aufgebaut, daß sie die Teilnehmer beeinflussen, sich so zu verhalten, daß Hypothesen bewiesen oder widerlegt werden. Nicht bei allen Beziehungen handelt es sich um typische direkte Beziehungen: Die Organisation umfaßt auch Forschungsmitarbeiter und -leiter, welche die Versuchspersonen erst ganz zum Schluß oder überhaupt nicht kennenlernen. Die experimentelle »Gesamtheit« ist eine viel bessere Simulation eines Fragmentes einer großen Organisation als einer von ihrer Umwelt relativ unabhängigen »Face-to-face«-Gruppe. In ihr bildet sich vielleicht am besten genau das Geschehen (transaction) zwischen einem Organisationsfragment und seinen Angehörigen ab. Wie bei anderen Organisationen mögen viele der auftretenden Ergebnisse eine Folge der realen oder vorgestellten Wünsche der Autoritätspersonen in diesem System sein — in diesem Fall des Versuchsleiters. Den Forschern ist in letzter Zeit bewußt geworden, daß es notwendig ist, den Einfluß der Versuchsleiter auf ihre Versuchspersonen durch unbeabsichtigte Hinweise darauf, welche Reaktionen sie sich von ihnen erhoffen, gering zu halten. Wenn sie solche Hinweise geben, werden ihre Theorien vielleicht fälschlicherweise verifiziert (Rosenthal und Rosnow, 1969).

So wie Experimente als zeitlich begrenzte Organisationen angesehen werden können, kann man Organisationen als unkontrollierte Experimente betrachten. Der Manager einer Organisation möchte ein bestimmtes Ziel erreichen: Solange er es erreicht, braucht er die tatsächliche *Ur-*

sache seines Erfolges nicht zu ermitteln. Wenn er eine Veränderung vornehmen möchte, wie zum Beispiel Kosten senken, kann er verschiedene Maßnahmen gleichzeitig initiieren in dem Bewußtsein, daß sich die eine oder andere auszahlen wird. Im Vergleich dazu ist der Versuchsleiter nicht allzu besorgt darum, ob sich seine Voraussagen als richtig erweisen, solange er feststellen kann, was die aufgetretenen Ergebnisse *verursacht* hat. Folglich versucht er immer nur eine Variable auf einmal zu ändern. Seine Organisation ist eine relativ einfache Organisation mit der Aufgabe, eine Antwort auf das Warum zu finden.

Ob wir von den Ergebnissen experimenteller Untersuchungen Gebrauch machen können oder nicht, erweist sich als abhängig von der Art der sozialen Beeinflussungsprozesse, die in verschiedenen Situationen auftreten. Die Resultate werden in Situationen sehr brauchbar sein, wie sie in vielen Organisationen anzutreffen sind, wenn nämlich die Mitglieder vorsichtig, unbeteiligt und verwirrt sind. Sie werden weniger brauchbar sein in Situationen, in denen die Beteiligten sich sicher fühlen und stark motiviert sind.

Mit den Unterschieden zwischen Experimenten und Organisationen vor Augen ist ein gewisses Maß an vernünftiger Vorsicht sowohl bei der Interpretation von Experimenten *als auch* bei Organisations-Fallstudien erforderlich. In den folgenden Kapiteln werden wir versuchen, Experimente und Organisationsstudien nebeneinander zu stellen. Wenn beide Untersuchungsarten zu analogen Ergebnissen führen, können wir viel stärker von ihrer Gültigkeit überzeugt sein, da die Stärke der einen Methode die Schwäche der anderen ist.

Zusammenfassung

Zielorientierte Systeme, die wir Organisationen nennen, setzen sich aus zahlreichen, sich überschneidenden »Face-to-face«-Gruppen zusammen. Die Komplexität dieses Wechselspiels zwischen den Reaktionen des Individuums auf die verschiedenen Gruppen, denen es angehört und auf die Organisation als Ganze ist Gegenstand dieses Buches. Fallstudien von Organisationen im Feld liefern reiches deskriptives Material, dessen Stärke darin liegt, daß es Häufigkeit und Komplexität der auftretenden Phänomene aufzeichnet. Andererseits liefern experimentelle Studien über Gruppen ein stark vereinfachtes Bild, das besser geeignet ist, Antwort zu geben auf die Frage, wodurch etwas verursacht wird. Die »Geschichtlichkeit« menschlichen Verhaltens bedeutet, daß die von kurzlebigen experimentellen Gruppen hergeleiteten Ergebnisse nicht automatisch

als relevant für Feldsituationen gelten können. Übereinstimmungen und Abweichungen zwischen experimentellen Ergebnissen und Feldergebnissen müssen sorgfältig miteinander verglichen werden.
Dieses Buch stützt die Hypothese, daß soziale Beeinflussungsprozesse in Gruppen und Organisationen unter zwei Gesichtspunkten analysiert werden können: unter dem Gesichtspunkt des sozialen Vergleichs und dem der sozialen Kontrolle (control). Die Hypothese wird aus Untersuchungen von Kleingruppen entwickelt und später auf Untersuchungen von Organisationen ausgedehnt.

2
Soziale Vergleichsprozesse

Wir wollen mit der Betrachtung einer Reihe von Laborversuchen beginnen, die sowohl die Stärken als auch die Schwächen von Experimenten illustrieren, wie sie im vorigen Kapitel skizziert wurden. Ein Mädchen kommt in ein psychologisches Labor, um an einem Experiment teilzunehmen. Sie wird von jemand empfangen, der sich als Dr. Grigor Zilstein vorstellt und sagt, daß er die Auswirkungen von Elektroschocks erforsche. Sie wird in einen Raum geführt, in dem sich eine große Maschine befindet. Es werden ein paar Messungen vorgenommen, und dann sagt man ihr, es sei erforderlich, daß sie zehn Minuten warte, an der Maschine müßten noch verschiedene Einstellungen vorgenommen werden. Einigen der Mädchen erzählt man, daß die Schocks, die sie erhalten sollen, sehr schwach seien, anderen dagegen, daß sie ziemlich schmerzhaft aber nicht gefährlich sein würden. Dann wird jedem Mädchen gesagt, daß manche es vorziehen, allein zu warten, während andere lieber in Gesellschaft warten. Nach der Entscheidung zwischen beiden Alternativen begibt sich das Mädchen in das entsprechende Wartezimmer. Scheinbar hat das Experiment noch nicht begonnen, in Wirklichkeit ist es zu Ende. Es wurden keine Schocks verabreicht; die Mädchen mußten nur noch gebeten werden, einige Fragebögen auszufüllen, und es mußte ihnen erklärt werden, warum sie irregeführt worden waren.

Schachter und seine Mitarbeiter, die diese Untersuchung durchführten, waren an der Psychologie des Kontaktverhaltens (affiliation) — wie sie es nannten — interessiert. Ihre Voraussage lautete, daß die Mädchen eher mit anderen zusammen sein wollten, wenn sie große Angst hätten. Schachter (1959) berichtet, daß sie das tatsächlich als Ergebnis erhielten: Wenn der Schock als ziemlich schmerzhaft beschrieben wurde, bevorzugten 63 % die Gesellschaft anderer im Vergleich zu 33 % unter der Bedingung des »sehr schwachen Schocks«. Ein solcher Unterschied würde aufgrund von Zufall allein weniger als einmal in hundert Fällen auftreten. Was veranlaßte die Mädchen, sich so zu verhalten?

Schachter zieht fünf mögliche Erklärungen in Erwägung. Es ist möglich, daß die Mädchen der Situation gerne ausgewichen wären: Mit anderen zusammen zu kommen, könnte Gelegenheit bieten herauszufinden, wie man aus dem Experiment aussteigen kann. Vielleicht waren sie auch verwirrt und hofften, das Zusammensein mit anderen würde helfen, Klarheit darüber zu gewinnen, was da vor sich ging. Eine dritte Möglichkeit bestand darin, daß die Mädchen Angst hatten und daß das Zusammensein mit anderen die Angst reduzieren würde. Die Angst hätte durch direkte Kommunikation mit den anderen oder durch irgendeine Ablenkung verringert werden können. Schließlich waren die Mädchen vielleicht unsicher, wie sie die neue Situation einschätzen sollten: Bei dieser Deutung bestünde ihr Motiv, mit anderen zusammen sein zu wollen, darin herauszufinden, wie andere auf diese Situation reagierten.

Eine Reihe raffinierter Modifizierungen des Experiments wurde vorgenommen, um einige dieser Möglichkeiten zu eliminieren. Es stellte sich heraus, daß der Effekt nur dann eintrat, wenn die Personen, mit denen zusammen die Mädchen Gelegenheit hatten zu warten, ebenfalls auf das gleiche Experiment warteten. Andererseits machte es keinen Unterschied, ob es ihnen erlaubt wurde, miteinander zu reden oder nicht. Offensichtlich bevorzugten die Mädchen eine Situation, in der sie mit Schicksalsgenossinnen zusammen waren, wobei eine verbale Kommunikation unwesentlich war. Das schließt die Fluchthypothese, die Klärungshypothese und die Ablenkungshypothese erfolgreich aus. Die beiden ersten würden eine Unterhaltung voraussetzen, und nach der letzten Hypothese wäre es am besten, wenn die Mädchen mit anderen zusammen warteten, die mit dem Experiment nichts zu tun hätten. Es bleiben zwei mögliche Erklärungen: unmittelbare Angstreduktion und Vergleich mit anderen.

Erklärungen: unmittelbare Angstreduktion und Vergleich mit an-
den Mädchen empfundenen Angststärke. In einem weiteren Experiment, das ein Mitarbeiter aus Schachters Team (Wrightsman, 1960) durchführte, warteten die Mädchen tatsächlich fünf Minuten lang. Wrightsmans Messungen ergaben, daß Warten mit anderen die Angst eigentlich nicht mehr reduzierte als Alleinwarten. Darüberhinaus zeigte er, daß, wenn man die Angstwerte einer bestimmten Anzahl von Mädchen, die zusammen warteten, untersuchte, diese Werte dazu neigten, sich einem mittleren Wert anzunähern. Eine solche Tendenz war nicht zu erkennen, wenn man sich einmal die ganz willkürlich zusammengestellten Werte derjenigen, die allein warteten, daraufhin ansah. Kurz gesagt demonstrieren diese Studien einen Prozeß sozialer Beeinflussung. Der Einfluß weicht wohl ziemlich von dem ab, was einem gewöhnlich zuerst einfallen mag, wenn man soziale Beeinflussung als Prozeß betrachtet. Man mag vielleicht an sozialen Druck und Argumentation denken; in diesem Experiment dagegen fand die Beeinflussung sogar ohne die geringste verbale Kommunikation statt. Wo verbale Kommunikation erlaubt *war*, ließ sich auch eine Beeinflussung feststellen, aber eine, die komplexerer

Art war. In Gruppen, die sich unterhalten konnten und die eine geringe Streuung des Angstniveaus aufwiesen, konnte soziale Beeinflussung nachgewiesen werden; wo aber die Streuung des Angstniveaus zu Beginn groß war, zeigte sich die Tendenz, so zu bleiben.

Wir müssen nun damit beginnen, die Bedeutung dieser Experimente zu untersuchen. Sie sind konstruiert, von kurzer Dauer und basieren auf einer Situation, die vom Alltagsleben der meisten von uns ziemlich verschieden ist; wir sollten uns dadurch aber nicht von ihrem unzweifelhaften Wert ablenken lassen. Sie schaffen eine Situation, in der sich die Mädchen unsicher fühlen und testen dann Theorien, die die Reaktion der Mädchen zu erklären versuchen. Situationen, in denen sich Menschen in Gruppen und Organisationen unsicher fühlen, sind überaus weit verbreitet, und aus diesem Grunde sind die Studien interessant. Schachter ist der Ansicht, daß, wenn Situationen mehrdeutig sind oder nicht aus vergangenen Erfahrungen interpretiert werden können, wir nach sozialer Bestätigung für unsere Reaktionen suchen. Deutlicher gesagt, meint er, daß wir nicht wissen, was wir von neuen Ereignissen halten, bis wir sehen, wie andere auf diese Ereignisse reagieren. Daraus leitet sich eine ziemlich radikale Auffassung menschlichen Erlebens ab. Nach traditioneller Betrachtungsweise würde das Bindeglied zwischen der Erfahrung von Angst und meßbaren physiologischen Vorgängen hervorgehoben werden, etwa der Adrenalinspiegel im Blut: Man hat Angst, wenn eine Erfahrung zu einem hohen Adrenalinspiegel im Blut führt. Schachters Auffassung dreht die Kausalkette um: Man verspürt Angst und bekommt einen hohen Blutadrenalinspiegel, wenn andere Angst zu haben scheinen. Ein Mädchen könnte vielleicht in der frühen Phase des Experiments so etwas denken wie »Das macht alles einen eigenartigen und ungewohnten Eindruck — ich weiß nicht, wie ich reagieren soll«. Eine Versuchsperson, die in Schachters Buch zitiert wird, sagte: »Ich wollte mit anderen Leuten zusammen warten, um zu sehen, wie sie reagieren würden, während sie auf das Experiment warteten. Wenn sie nicht beunruhigt aussähen, würde ich es auch nicht sein.« Ein solches Zitat beweist natürlich noch nicht, daß alle Mädchen so dachten, aber es faßt Schachters Theorie in etwas konkretere Begriffe.

Festingers (1954) Darlegung der Theorie des sozialen Vergleichs ist einer der Stützpfeiler, auf dem Schachters Arbeit ruht. Während Schachter sich mit Emotionen und speziell mit der Angst befaßte, hat Festingers Erörterung eine größere Reichweite. Festinger postuliert, daß wir alle den Drang haben, unsere Meinungen und Fähigkeiten zu bewerten. Wenn wir die Wahl haben, ziehen wir objektive, nicht-soziale Mittel zur Bewertung unserer selbst vor. So verifizieren wir unsere Fähigkeit,

Auto zu fahren, oder unsere Ansicht, daß es morgen regnen wird, lieber durch einen objektiven Test als dadurch, daß wir jemanden finden, der sagt, daß wir gut Auto fahren, oder der auch der Meinung ist, daß es morgen regnen wird. Aber häufig gibt es keine objektiven, nicht-sozialen Kriterien zur Bewertung unserer selbst, und unter diesen Bedingungen verwenden wir soziale Kriterien. Festinger argumentiert, daß wir dazu neigen, solche Personen als Vergleichsobjekte zu wählen, die uns ähnlich sind: Das ermöglicht eine genauere Einschätzung unserer eigenen Position. Schachters Untersuchung paßt hier genau hinein: Sein Experiment lieferte keine nicht-sozialen Mittel zur Selbstbewertung, und seine Mädchen verglichen sich lieber mit anderen, die an dem gleichen Experiment teilnahmen als mit unähnlicheren Personen.
Die Formulierung von Festingers Modell wirft eine Reihe von Fragen auf, die uns für den Rest des Kapitels beschäftigen werden. Zuerst könnte man vielleicht fragen, wie häufig es der Fall ist, daß Leute nicht über objektive, nicht-soziale Kriterien zur Selbstbewertung verfügen? Zweitens ist es, wenn keine solchen Kriterien vorhanden sind, wichtig zu untersuchen, wie Menschen jemanden auswählen, mit dem sie sich vergleichen wollen. Hat Festinger recht, wenn er behauptet, daß man sich immer jemanden aussucht, der einem möglichst ähnlich ist? Drittens — und das ist vielleicht die wichtigste Frage —: Was sind die Konsequenzen solcher Vergleiche? In Schachters Arbeit ergab sich als Konsequenz ein erhöhter Konsensus innerhalb jeder Gruppe darüber, wieviel Angst angemessen war. Allgemeiner gesagt ähneln die Konsequenzen sozialen Vergleichs manchmal dem, was Sozialpsychologen Konformitätsverhalten nennen. Aber der Begriff Konformität hat in der Alltagssprache eine derartig negative Bedeutung bekommen, daß es vielleicht fruchtbar ist, die verschiedenen Formen sozialer Beeinflussung, die sich aus sozialem Vergleich ergeben können, getrennt zu analysieren.

Wie verbreitet ist Ambiguität?

Zuerst soll die Frage untersucht werden, wie verbreitet objektive, nicht-soziale Kriterien der Selbstbewertung sind. Am leichtesten ist es, wenn man sich solche Kriterien in Bezug auf Fähigkeiten vorstellt. Sportler, Handwerker und technisch Qualifizierte haben alle die Möglichkeit, ihre Leistung an ziemlich objektiven Maßstäben zu messen. Meinungen sind nur dann überprüfbar, wenn sie die Form von Voraussagen über das Auftreten zukünftiger Ereignisse annehmen. Eigene Gefühle lassen sich am schwersten an nicht-sozialen Kriterien überprüfen. Nach dieser Diskussion könnte man erwarten, ein ziemlich weites Spektrum an sozialen

Vergleichsgrundlagen zu finden. Zum Beispiel könnte eine Gruppe qualifizierter Arbeiter ihre Selbstbewertung auf die Evidenz ihres fachlichen Könnens bei erfolgreicher Ausführung qualifizierter Aufgaben gründen. Andererseits hat eine Gruppe von Personen des mittleren Managements innerhalb einer Organisation sehr dürftige Kriterien zur Beurteilung ihrer Effektivität. Sie werden wahrscheinlich viel eher von sozialen Kriterien Gebrauch machen.

Dieser Unterschied zwischen den verschiedenen Gruppen zur Verfügung stehenden Vergleichsgrundlagen wird noch größer, wenn man in Rechnung stellt, wie sie ihre Zeit verbringen. Die Haupttätigkeit eines qualifizierten Arbeiters ist nicht-sozialer Natur. Er verbringt vielleicht einen beträchtlichen Teil seiner Zeit damit, mit anderen zu reden, aber das ist nicht seine eigentliche Arbeit. Er kann mit anderen interagieren oder sie meiden, ganz wie er will. Andererseits besteht die Aufgabe des Managers darin, mit anderen zu interagieren. Zum Beispiel fanden Horne und Lupton (1965) in einer Studie über 66 britische Manager heraus, daß diese zwei Drittel ihrer Zeit damit verbrachten, mit anderen zu sprechen. Der größte Teil der Zeit war der Übermittlung von Informationen an andere oder Erläuterungsbemühungen gewidmet. Die Daten wurden in der Weise zusammengetragen, daß man die Manager und ihre Sekretärinnen bat, eine Woche lang Aufzeichnungen zu machen. Aus anderen Studien (z. B. Carlson, 1951) ergab sich, daß ältere leitende Angestellte einen noch größeren Teil ihrer Zeit im Gespräch mit anderen verbringen.

Manager in jeglicher Art von Gruppen sind mit einem gut Teil Ambiguität hinsichtlich deren Effektivität und folglich auch mit Ambiguität hinsichtlich ihrer eigenen Effektivität konfrontiert. Das trifft vielleicht am wenigsten bei einer nur ein bestimmtes Produkt herstellenden Organisation zu, wo noch die Chance besteht, Entscheidungen in Beziehung zu ihren Konsequenzen zu setzen. Mit zunehmender Größe der Organisation wird das immer seltener der Fall sein. Ebenso wird in anderen Organisationen wie Schulen, Krankenhäusern oder Universitäten ein objektives Feedback für das Management schwer möglich sein. Vor einigen Jahren wurde in den Vereinigten Staaten von R. L. Kahn und seinen Mitarbeitern (1964) an der Universität von Michigan eine Umfrage durchgeführt. Die Umfrage sollte eine Schätzung der Häufigkeit von Rollenkonflikt und Rollenambiguität in der arbeitenden Bevölkerung liefern. Es wurden Interviews mit 725 Personen durchgeführt, die zu der Zeit für Lohn arbeiteten. Es handelte sich um eine repräsentative Stichprobe unter US-amerikanischen Erwerbstätigen. Das Hauptgewicht der Fragen lag mehr auf sozialen als auf nicht-sozialen Informationsquellen. Es zeigte sich, daß sich nahezu alle Befragten mehr Informationen wünschten, als sie zu dem Zeitpunkt erhielten. Die Untersuchung konzentrierte sich mehr auf solche Personen, deren Informationsdefizit so groß war, daß sie darunter litten. Kahn u. a. berichten:

35 % störte der Mangel an Klarheit über Umgang und Verantwortlichkeiten ihrer Arbeit.
32 % fühlten sich einem Druck ausgesetzt, weil sie unsicher waren, wie ihr Vorgesetzter sie einschätzte.
31 % bemängelten fehlende Information hinsichtlich der Aufstiegsmöglichkeiten in der Organisation.
29 % belastete die Ambiguität, was die Erwartungen ihrer Mitarbeiter ihnen gegenüber betraf.

Kahn u. a. gliedern die Zahlen ihrer Stichprobe hinsichtlich des Auftretens von Ambiguität nicht nach dem Statusniveau auf. Jedoch berichten sie von einem starken Zusammenhang zwischen festgestellter Ambiguität und dem Ausmaß der Spannung. Es wurde nachgewiesen, daß die Spannung in den Gruppen der Manager und Fachleute viel höher war als bei Arbeitern und ungelernten Arbeitern.
Bisher wurde argumentiert, daß soziale Vergleichsprozesse sehr stark wirksam werden, wenn nicht-soziale Vergleichsgrundlagen fehlen. Die untersuchten Daten weisen darauf hin, daß die meisten Menschen ein Bedürfnis nach klareren sozialen Vergleichsgrundlagen haben, als ihnen zur Verfügung stehen. Das trifft besonders auf die Managerebene in Unternehmen zu. Wahrscheinlich wird das auch bei kurzfristigen Laborversuchen der Fall sein, weil man hier mit einer neuen Situation konfrontiert wird und nur ein sehr geringes Feedback über die eigene Leistung hat.

Die Wahl eines Vergleichsobjektes

Die zweite Hauptfrage, die im Zusammenhang mit sozialen Vergleichsprozessen untersucht werden soll, betrifft die Wahl einer Vergleichsperson. Festingers Behauptung zufolge suchen wir uns jemanden aus, der uns ähnlich ist. Das sollte uns in die Lage versetzen, klarste und genaueste Information von dem anderen zu erhalten. Experimente nach der Art Schachters können dazu verwandt werden, unser Verständnis darüber zu erhöhen, welche Arten von Ähnlichkeit oder Verschiedenheit am wichtigsten sind. Dem ursprünglichen Schachter-Experiment ist nicht zu entnehmen, ob die Mädchen mit anderen Mädchen zusammen sein wollten, weil es Mädchen waren oder weil sie auch an dem Experiment teilnahmen. In einer späteren Untersuchung richteten es Darley und Aronson (1966) so ein, daß immer drei Mädchen auf einmal zu dem

Schockexperiment eintrafen. Von jedem Trio waren jeweils zwei Mädchen in Wirklichkeit Komplizinnen des Versuchsleiters. Nachdem der Zweck des Experimentes erklärt worden war, wurden die Mädchen gebeten, den Grad ihrer Nervosität einzustufen. Eine der Komplizinnen in dem Experiment wählte immer einen Wert auf der Skala, der einen Punkt über dem von der wahren Versuchsperson gewählten lag. Die andere Komplizin wählte immer einen Wert, der zwei Punkte darunter lag. Anschließend ließ der Versuchsleiter die wirkliche Versuchsperson wählen, ob sie allein oder mit einem der anderen Mädchen warten wollte. Die Ergebnisse zeigten, daß sie sich in der Regel dafür entschied, mit dem Mädchen zusammen zu warten, das einen Punkt nervöser war als sie selbst. Das legt, in Übereinstimmung mit Festingers Theorie, die Vermutung nahe, daß es die Gleichartigkeit der Erfahrung ist, die von Bedeutung ist, denn wenn das Mädchen auch nervöser war als sie selbst, war sie doch auch die Ähnlichere. Natürlich kann das Mädchen auch einen gewissen Trost dadurch erhalten haben, daß es sich jemanden als Vergleichsobjekt aussuchte, der nervöser war als es selbst.
Es ist eine Anzahl anderer Laborexperimente veröffentlicht worden, denen eine etwas andere Anordnung zugrunde liegt. Gruppen von sechs bis acht Versuchspersonen werden gebeten, eine Aufgabe oder einen Test durchzuführen, der vorgibt, einige Aspekte ihrer Persönlichkeit oder ihrer Fähigkeiten zu messen. Der Versuchsleiter zeigt den Versuchspersonen dann die Rangordnung der Werte, welche die einzelnen Versuchspersonen erreicht haben. Er erklärt, daß die Untersuchung so angelegt ist, daß sie ihm gestattet, jeder Versuchsperson den genauen Wert einer der anderen Versuchspersonen mitzuteilen. Daraufhin wählt die Versuchsperson den Kennwert aus, dessen Inhaber sie gerne sehen möchte. Die Theorie des sozialen Vergleichs würde natürlich voraussagen, daß man sich für den Rang entscheidet, der einem am nächsten liegt. Wheeler u. a. (1969) zeigten, daß die Versuchspersonen dann den nächsthöheren Rang wählten, wenn die gemessene Eigenschaft wünschenswert war. Handelte es sich um eine unerwünschte Eigenschaft, wählten sie den nächstniedrigeren Rang. Auch entschieden sich die Versuchspersonen mit größerer Wahrscheinlichkeit für Vergleichspersonen, die über ihnen rangierten, wenn diese stärker motiviert waren (Wheeler, 1966). Thornton und Arrowood (1966) gaben ihren Versuchspersonen zu verstehen, daß es auf der Punkteskala eine unerwartete Diskontinuität gab. Wenn ihre Werte diese Stelle erreichten, entschieden sich die Versuchspersonen, wie sich herausgestellt hatte, eher für einen Vergleich mit der Person auf der anderen Seite dieser Diskontinuitätsmarke als mit der ähnlicheren Person innerhalb der Untergruppe mit den gleichen Werten wie sie selbst. Hak-

miller (1966) machte zwei Tests mit seinen Versuchspersonen. Im ersten Test ließ man sie annehmen, sie hätten einen relativ niedrigen Wert für »Feindseligkeit gegen die Eltern« erzielt. Im zweiten Versuch glaubte die Testperson, daß sie einen mehr zum oberen Ende der Skala hin gelegenen Wert erreicht hätte. Unter diesen Umständen zogen es die Versuchspersonen vor, sich nicht mit denjenigen zu vergleichen, die am nächsten lagen, sondern mit denen, die den höchsten von allen Werten an Feindseligkeit erzielt hatten.

Diese Feststellungen lassen vermuten, daß sozialer Vergleich vielfältige Funktionen hat. Je nach den Umständen könnte man den Wunsch haben, sich mit jemandem zu vergleichen, der schlechter, ungefähr gleich oder beträchtlich besser war als man selbst. Festingers Modell stellt sich in diesem Punkt als zu einfach dar. Welche Art von Vergleichsperson man sich aussucht, hängt eindeutig von dem Zweck des Vergleichs ab. Schachters Versuchspersonen waren ängstlich und unsicher und wählten jemanden aus, der ähnlich wie sie selbst war; Wheelers (1966) Versuchspersonen waren motiviert, ihre Leistung zu verbessern und entschieden sich für Vergleichspersonen, die ein oder zwei Stufen über ihnen selbst lagen; Hakmillers Versuchspersonen fühlten sich von unangenehmem Feedback bedroht und suchten sich weit unter ihnen liegende Vergleichspersonen aus.

Wir haben nun eine weitere Laborversuchsreihe überprüft. Die Ergebnisse stammen aus relativ wenigen Studien, aber sie zeichnen ein recht einheitliches Bild. Was bisher fehlt, sind irgendwelche Daten, die verdeutlichen, wie Menschen Vergleichspersonen unter natürlichen Gegebenheiten auswählen. Sobald man anfängt, über dieses Problem nachzudenken, zeigen sich noch einmal die Unterschiede zwischen experimentellen und natürlichen Versuchsbedingungen. Innerhalb des Experimentes sorgt der Forscher dafür, daß die Versuchsperson sich mit jemandem vergleicht und zwar lediglich mit einer der zur Verfügung stehenden Vergleichspersonen. Außerhalb des Labors gibt es keine in dieser Weise sichere Situation. Wenn jemand Mitglied einer bestimmten Gruppe ist, so muß daraus noch nicht folgen, daß er sich mit den Mitgliedern dieser Gruppe vergleicht. Zum Beispiel machen Untersuchungen über Industriearbeiter, die sich nicht an restriktive Produktivitätsnormen halten (Collins, Dalton und Roy, 1946), deutlich, daß sie häufig über einen sehr unterschiedlichen ethnischen, religiösen oder erzieherischen Hintergrund verfügen. Sie gehören vielleicht deshalb einer besonderen Arbeitsgruppe an, weil das Management sie für diese besondere Gruppe eingeteilt hat, aber sie teilen nicht die Werte, Identifikationen oder Kriterien für harte Arbeit, die das Verhalten ihrer Kollegen bestimmen.

Der Schriftsteller Thoreau behauptete, daß »der sozial Abweichende in Wirklichkeit nur nach einer etwas entfernteren Pfeife tanzt«, und drückte damit den Kern der Hypothese aus, daß wir alle irgendwie auf eine Vergleichsperson oder -gruppe reagieren. Die Schwierigkeit bei dieser Formulierung des sozialen Vergleichsmodells besteht darin, daß es viel zu leicht wird, irgendeine Anzahl von Ergebnissen auf einer *post hoc*-Basis zu analysieren, indem man zeigt, daß sich eine bestimmte Person mit irgendeiner Gruppe identifiziert, mit der ihr Verhalten verknüpft zu sein scheint. Zum Beispiel erbrachten die klassischen Studien des *American Soldier* während des 2. Weltkrieges (Stouffer u. a., 1949) viele Daten, die Vergleichsebenen hinsichtlich Zufriedenheit in verschiedenen Einheiten anzeigten. Nicht-kämpfende, in Europa stationierte Truppen erwiesen sich als wesentlich zufriedener als die in den Vereinigten Staaten gebliebenen, trotz der weit besseren Bedingungen, welche die Truppen in den USA hatten. Dieses Ergebnis wurde mit dem Postulat »erklärt«, daß sich die Truppen in Europa mit den Truppen im aktiven Dienst verglichen, die unter viel schlechteren Umständen lebten, während die Heimattruppen ihre Bedingungen mit denen des Zivillebens verglichen. Die Erklärung ist plausibel, aber es existieren keine Unterlagen darüber, ob die Truppen tatsächlich die postulierten Vergleiche anstellten.
Im Feld ist der Prozeß sozialen Vergleichs mit dem Prozeß sozialer Anziehung verflochten. Das veranschaulichen zwei Studien von Newcomb. In der ersten Studie (1943) wurde die Wirkung eines dreijährigen Besuchs des Bennington College, eines liberalen Kunstcollege, untersucht. Diejenigen Studenten, deren Werte in Übereinstimmung mit dem dominierenden Campusklima liberaler wurden, identifizierten sich mit anderen, die liberal waren. Diejenigen, die ihren anfänglichen Konservatismus nicht aufgaben, identifizierten sich stärker mit ihren überwiegend konservativen Familien. Dem Datenmaterial ist nicht zu entnehmen, ob die, die sich änderten, das taten, weil sie von anderen auf dem Campus angezogen wurden, oder ob die Trennung vom Elternhaus sie veranlaßte, Vergleichsmodelle auf dem Campus auszuwählen, die mit der Zeit attraktiv wurden. Newcombs spätere Studie (1961) ist spezieller und daher für diese Analyse wertvoll. Newcomb bot 17 Studenten für ein Semester an der Michigan Universität freie Unterkunft in einem Haus an. Während des Semesters maß er immer wieder die Entwicklung interpersonaler Anziehung bei den Siebzehn. Er stellte fest, daß seine Werte sich zunehmend einem »Gleichgewichtsmodell« annäherten, demzufolge A B mag, wenn B die gleichen Dinge gern hat wie A. Das traf besonders im Falle wahrgenommener eigener Anziehung zu. Mit anderen Worten: A wird B eher dann mögen, wenn er feststellt, daß B A gern hat. Newcombs

Analyse ist nicht in den Begriffen des sozialen Vergleichs formuliert, aber er gebraucht ein verwandtes Konzept, das der »unwillkürlichen Bestätigung«. Jeder Student trachtet danach, seine Wahrnehmungen zu bestätigen, indem er diejenigen findet, die sie verifizieren werden. Newcombs Material veranschaulicht eine Situation, in der Festingers Postulat, daß Vergleichspersonen uns ähnlich sein werden, gestützt wird.

Obwohl Ähnlichkeit und Anziehung oft Grundlage für Vergleichsprozesse sind, muß daran erinnert werden, daß einige der Laborversuche bewiesen haben, daß das nicht immer der Fall sein muß. In Bedrohungs- und Konkurrenzsituationen waren die Vergleichspersonen sich eher unähnlich. Vergleiche hinsichtlich der Gerechtigkeit von Lohnunterschieden und Lohnverhandlungen im allgemeinen stellen Beispiele solcher Situationen im sozialen Feld dar. Im Kampf für gleiche Bezahlung der Frauen wählen weibliche Verhandlungspartner Männer als Vergleichspersonen aus, die für die gleiche Arbeit mehr Lohn erhalten, während die, die sich dagegen sträuben, implizit argumentieren, daß Frauen sich mit Frauen in anderen Tätigkeiten vergleichen sollten. Die Wahl der Vergleichsperson hängt damit entscheidend von der eigenen Position ab.

Patchen (1961 a, b) hat die Wahl von Vergleichspersonen an Arbeitern einer Raffinerie untersucht. In Übereinstimmung mit dem bereits in diesem Kapitel vorgetragenen Argument verwirft Patchen die Ansicht, daß man sich immer mit der ähnlichsten Person vergleicht. Bei der Beurteilung der eigenen Fähigkeiten im Vergleich zu den Fähigkeiten anderer ist es plausibel, daß man mit dem Ergebnis zufrieden sein möchte. Aber, bemerkt Patchen, im Falle von Lohnvergleichen kann die Lage so sein, daß man unzufrieden sein *will*. Das könnte dann eintreten, wenn man unterbezahlt ist, für diese Tatsache aber eher andere als sich selbst verantwortlich macht. Es kann nicht leicht behauptet werden, daß es der Fehler eines anderen ist, wenn das eigene *Können* sich in Beziehung zur Vergleichsperson als gering herausstellt. Aber wenn man unterbezahlt ist, ist es leichter, das Management dafür verantwortlich zu machen, als darin eine gültige Einschätzung des eigenen Wertes zu erblicken. Unter diesen Umständen wird man seinen Lohn vielleicht lieber an jemandem messen, der eine bessere Bezahlung erhält. Die Wahl eines solchen Vergleichs wird dazu dienen, die Unzufriedenheit und, daraus folgend, das Aushandeln eines besseren Lohnes zu legitimieren.

Patchen interviewte 519 Arbeiter in einer kanadischen Ölraffinerie. Er bat sie, zwei andere Beschäftigte zu nennen, die andere Löhne als sie bekamen. Die Befragten wurden dann aufgefordert zu sagen, was sie bei diesen Unterschieden empfanden und warum. Patchen kategorisierte die Vergleiche als »dissonante« und als »konsonante« Vergleiche. Um dis-

sonante Vergleiche handelte es sich, wenn die Löhne den Attributen wie Alter, Dienstalter, Geschicklichkeit, Erfahrung etc., die für die Ausübung der Tätigkeit verlangt wurden, schlecht entsprachen. In konsonanten Vergleichen war die Entsprechung gut. Patchens Erkenntnis bestand darin, daß mit der größten Wahrscheinlichkeit diejenigen dissonante Vergleiche anstellten, die sowohl schlecht bezahlt als auch der Meinung waren, daß Beförderung keine Frage persönlicher Leistung und Initiative sei. Die, die besser bezahlt wurden, oder glaubten, daß Leistung und Initiative belohnt würden, neigten mit größerer Wahrscheinlichkeit zu konsonanten Vergleichen.
Diese Ergebnisse werfen ein ganz anderes Licht auf den sozialen Vergleichsprozeß. Die Studien, die wir früher untersucht haben, wie die von Schachter oder diejenigen, die sich aus Festingers Theorie ableiten, schildern das Individuum als ein Wesen auf der Suche nach Feedback aus seiner Umgebung, um zu erfahren, wer es ist oder was es tun sollte. Patchens Versuchspersonen, die sich darin von den anderen unterschieden, daß sie sich außerhalb des psychologischen Labors befanden, wirken viel selbstsicherer. Für sie besteht die Funktion des sozialen Vergleichs nicht so sehr in der Reduktion von Ambiguität, als vielmehr in der Erhaltung vorhandener Überzeugungen, was ihren Wert als Mensch betrifft. Wie soziale Vergleiche das erreichen können, wird am besten durch eine Untersuchung der Konsequenzen solcher Vergleiche illustriert, der wir uns deshalb jetzt zuwenden.

Die Konsequenzen sozialer Vergleiche

Zu diesem Punkt sind eine ganze Menge Untersuchungen durchgeführt worden. Zuerst werden wir einen Überblick über einige ziemlich allgemeine Modelle der Konsequenzen geben und uns dann ein paar spezifischeren Analysen der Auswirkungen von Lohngleichheit und -ungleichheit zuwenden.
Die Konsequenzen sozialen Vergleichs werden eindeutig von dem Ergebnis des Vergleichs abhängen. Es gibt drei Arten von Situationen, die als Ambiguitätsreduktion, als Bestätigung und als Nicht-Bestätigung bezeichnet werden können. *Ambiguitätsreduktion* wird dann auftreten, wenn die Bedingungen ähnlich wie in Schachters Experimenten sind, wenn nämlich die Person, die den Vergleich anstellt, mit einer neuartigen Situation konfrontiert wird und unsicher ist, was sie tun soll. In Wrightsmans (1960) Experiment, das sich von Schachters Anordnung herleitete, passierte eigentlich folgendes: Die Angstwerte der Gruppen-

mitglieder näherten sich einander an, wenigstens da, wo die Abstände der Angstwerte nicht zu groß waren. Die Studien über »autokinetische« Effekte von Sherif (1963) lieferten eine weitere Illustration dieser Wirkungen. Versuchspersonen saßen in einem total verdunkelten Raum und sollten die Bewegung eines Lichtpunktes abschätzen. In Wirklichkeit bewegte sich das Licht überhaupt nicht; es zeigte sich aber, daß die Versuchspersonen durch die Schätzungen der einzelnen Teilnehmer stark beeinflußt wurden, bis es nach einiger Zeit in der Gruppe zu einem Konsensus kam. Mit dem Verhalten bei Panik und Katastrophen (Schultz, 1964) ist es ähnlich. In all diesen Situationen besteht hohe Ambiguität, so daß man dem Beispiel der eigenen Vergleichsperson folgt. Dieses Phänomen wurde als »informatorischer« sozialer Einfluß bezeichnet. Es ist schwer, irgendeine Angabe über seine Verbreitung zu machen.

Wenn sozialer Vergleich *Bestätigung* durch die Vergleichsperson bewirkt, könnte man zunächst denken, daß man aus diesem Ereignis keine besonderen Konsequenzen vorhersagen kann. Die Versuchsperson hat eine bestimmte Vorstellung von sich selbst, und sie entdeckt, daß jemand anderes genau die gleiche Vorstellung von ihr hat. Das würde bedeuten, daß die motivierenden Eigenschaften des Bestätigungserlebnisses außer acht gelassen werden. Wenn ein anderer die eigene Selbsteinschätzung bestätigt, wird man ihn dafür um so lieber mögen. Die Studie Newcombs (1961) zeigte, wie Anziehung und Bestätigung miteinander verflochten sind. Erhöhte Sympathie mag dann wieder dazu führen, daß man den anderen auch in anderen Bereichen als Vergleichsperson benutzt. Man mag fragen, ob die Bestätigung einer geringen Selbsteinschätzung genau die gleichen Konsequenzen hätte; leider sind Aussagen zu diesem Punkt dünn gesät. Deutsch und Solomon (1959) stellten fest, daß Versuchspersonen, die glaubten, sie hätten ihre Aufgabe schlecht erfüllt, keinen Unterschied machten zwischen anderen Versuchspersonen, die ihnen sagten, sie hätten gut abgeschnitten, und solchen, die ihnen erzählten, sie hätten schlecht abgeschnitten. Auswirkungen der Bestätigung sind noch viel zu wenig erforscht, aber man vermutet, so paradox es erscheint, daß Bestätigung Veränderung bewirken kann.

Bei weitem die meisten Anstrengungen wurden von Psychologen auf das dritte mögliche Ergebnis sozialen Vergleichs verwandt, nämlich auf die *Nicht-Bestätigung*. Wenn ich mich selbst oder einige Aspekte meines Verhaltens oder meiner Absichten als gut einschätze, und meine Vergleichsperson tut das nicht, so werde ich mit etwas konfrontiert, das gewöhnlich mit Unausgewogenheit (Heider, 1958) oder Dissonanz (Festinger, 1957) bezeichnet worden ist. Nach Festingers Definition tritt dann Dissonanz auf, wenn man zwei Kognitionen hat, von denen die eine psychologisch im Gegensatz zur anderen steht. Ich erlebe also Dissonanz, wenn ich mich für einen guten Lehrer halte und meine Studenten, nach ihrer Stellungnahme zu dem gerade von mir gehaltenen Kurs befragt, antworten, ich hätte in vieler Hinsicht versagt. Kritiker der Dissonanztheorie (Brown, 1965) haben ziemlich schnell darauf hingewiesen, daß man nicht auf das Vorhandensein oder Nichtvorhandensein von Dissonanz schließen kann, bevor man nicht mehr über den Kontext der beiden Kognitionen weiß. In dem eben zitierten Beispiel muß ich auch meine Studenten positiv wahrnehmen, wenn ich Dissonanz empfinden soll; wenn ich sie für nicht vertrauenswürdig und faul halte, wird ihr Feedback keine Dissonanz für mich erzeugen.

Festinger nimmt an, Dissonanz sei unangenehm, deshalb versuche man, sie zu reduzieren. Es gibt mehrere Mittel, das zu erreichen. Folgende kämen für mich in Frage:

— Ich könnte meine Meinung bezüglich meiner Lehrfähigkeiten ändern.
— Ich könnte andere Studenten um Auskunft bitten.
— Ich könnte andere Lehrkräfte um Auskunft darüber bitten, was dieselben Studenten zu ihnen gesagt haben.
— Ich könnte vergessen oder mißverstehen, was sie gesagt haben.
— Ich könnte meine Meinung über die Studenten ändern.

Einige dieser modellhaften Möglichkeiten zur Dissonanzreduktion sind wahrscheinlicher als andere, denn bei ihrer Anwendung würde ich ein größeres oder geringeres Ausmaß an Dissonanz zu anderen Kognitionen, die ich habe, verursachen.

Nach Festingers Vorstellung strebt der Mensch — angesichts periodischer Nicht-Bestätigung — nach Konsonanz seiner Wahrnehmungen. Es sind sehr viele Laborexperimente durchgeführt worden, die verschiedene Aspekte der Dissonanztheorie zu testen versuchen (Aronson, 1969). Wir wollen uns hier nur mit den Untersuchungen befassen, die zeigen, daß man — konfrontiert mit der Nicht-Bestätigung mehrerer Versuchspersonen während einer Beurteilungsaufgabe — dazu neigt, sich dem Mehrheitsurteil anzuschließen. Das geschieht nicht nur in Situationen mit hoher Ambiguität, sondern auch in Situationen, in denen man, ohne das Beisein von anderen, keine Schwierigkeiten hätte, ein richtiges Urteil zu fällen. Das bekannteste dieser Experimente wurde von Asch (1956) durchgeführt, der als Versuchsaufgabe die Länge verschiedener Linien beurteilen ließ. Verwandte Arbeiten, wie z. B. die von Crutchfield (1955), haben gezeigt, daß man ähnliche Effekte erhalten kann, wenn Versuchspersonen die Richtigkeit oder Unrichtigkeit von Meinungen zu Themen wie der genauen Bevölkerungszahl der Vereinigten Staaten einschätzen sollen.

Eine Möglichkeit der Reduktion von Dissonanz, die durch die Erkenntnis hervorgerufen wird, daß andere die Welt anders sehen als man selbst, besteht darin, sich dem Urteil der anderen anzupassen. Einige mögen das aus Opportunismus tun, während andere vielleicht wirklich glauben, daß das Urteil der anderen zutreffender ist. Die Experimentanordnungen haben den Versuchspersonen gewöhnlich nur die Wahl gelassen, sich anzupassen oder unabhängig zu bleiben; es gibt aber noch andere Möglichkeiten, die im Feld wahrscheinlich von gleicher Bedeutung sind. Hollander und Willis (1967) haben argumentiert, daß konformes Verhalten nach zwei getrennten Ausprägungen analysiert werden sollte, die sie Abhängigkeit — Unabhängigkeit und Konformität — Nichtkonformität nennen. Wir können diese Dimensionen im Rahmen des sozialen Vergleichsmodells untersuchen, das in diesem Kapitel dargestellt wurde.

Abhängigkeit — Unabhängigkeit bezieht sich auf den Umfang, in dem die Versuchsperson andere als Vergleichsperson benutzt. Jemand fällt vielleicht stark abweichende Urteile; wenn ich ihn aber nicht als Vergleichsperson verwende, wird mein Verhalten von ihm unbeeinflußt bleiben. Je mehr ich mich andererseits mit ganz bestimmten anderen vergleiche, desto mehr werde ich ihrem Einfluß unterliegen. In Kapitel 1 wurde ein Überblick über die Bank-Wiring-Gruppe gegeben, die einen hohen Grad gegenseitiger Abhängigkeit aufwies. Eine Untersuchung von Seashore (1954) über 229 Arbeitsgruppen in den USA ließ erkennen, daß es in Gruppen mit stärkerem Zusammenhalt eine größere Einheitlichkeit der Arbeitsleistung gab als in Gruppen mit geringerem Zusammenhalt. Die kohärente Gruppe mochte entweder sehr produktiv oder sehr unproduktiv gewesen sein — was von anderen Faktoren abhängt —, in jedem Fall aber war sie einheitlicher als die nicht-kohärente Gruppe.

Konformität — Nichtkonformität bezieht sich darauf, wie die Versuchsperson auf Nicht-Bestätigung durch ihre Vergleichsperson reagiert. Wenn sie sich anpaßt, wird sich ihr Verhalten dem der Vergleichsperson annähern; bei Nichtkonformität wird ihr Verhalten dem der Vergleichsperson unähnlicher. Beide Formen stellen eine Form der Abhängigkeit dar. Experimentelle Untersuchungen zur Nichtkonformität sind selten, was wohl eher das spezielle Interesse der Feldforscher widerspiegelt als die mangelnde Bedeutung des Phänomens. Willis und Hollander (1964) haben experimentell die Trennbarkeit von Konformität, Nichtkonformität und Unabhängigkeit nachgewiesen. In Feldsituationen ist häufig zu beobachten, daß sich die Versuchspersonen, indem sie sich dem Urteil einer Vergleichsperson anpaßt, dem Urteil einer anderen Vergleichsperson nicht anpaßt. In der Bank-Wiring-Gruppe paßte sich die Produk-

tivität dem Gruppenstandard an, nicht aber den Erwartungen des Managements.
Implizite Werturteile der Forscher haben die Konformitätsforschung stark belastet. Meistens wird Konformität vom Forscher mißbilligt, Unabhängigkeit dagegen gutgeheißen. Meine Vorurteile sind etwas anders; mir scheint, daß jede der drei möglichen Reaktionsweisen — Konformität, Nichtkonformität oder Unabhängigkeit — ihre Schwächen und Stärken hat. Ferner wird sich der Wert dieser Stärken und Schwächen je nach Situation verändern. Das kann mit Hilfe der Untersuchungen von Lupton (1936) veranschaulicht werden. Lupton untersuchte in zwei britischen Fabriken die Produktivitätsstandards in Industriearbeitergruppen. Er bediente sich der teilnehmenden Beobachtung als Untersuchungsmethode, d. h. er arbeitete in jeder Fabrik für die Dauer mehrerer Monate Seite an Seite mit den Beschäftigten.
Lupton stellte fest, daß es in der einen Fabrik (»Jays«) in Manchester, die auf dem Gebiet der Lichttechnik (light engineering) tätig war, einen restriktiven Arbeitsstandard gab, den jeder »Schummelei« nannte. In der anderen Fabrik (»Wye«) in South Wales, die wasserdichte Bekleidung herstellte, bestand die Erwartung, daß jeder/jede Beschäftigte versuchen würde, seinen/ihren individuellen Verdienst zu maximieren. So wiederholten sich im einen Fall die Ergebnisse der Bank-Wiring-Studie, im anderen dagegen nicht. Lupton untersucht ein großes Spektrum möglicher Ursachen für das Vorherrschen unterschiedlicher Standards in den beiden Betrieben. Bei Jays gab es einen stabilen Markt, ineinandergreifende Arbeit, eine seit langem bestehende Gewerkschaftsorganisation, vorwiegend männliche Arbeiter und relativ niedrigen Arbeitseinsatz. Wye, auf der anderen Seite, war durch einen kleinen unstabilen Markt, unabhängige Aufgaben, eine schwache Gewerkschaft, überwiegend weibliche Arbeiter und hohen Arbeitseinsatz gekennzeichnet. Mit größter Wahrscheinlichkeit haben alle diese Faktoren zu den unterschiedlichen Arbeitsstandards beigetragen. Bei Jays hart zu arbeiten, würde Unabhängigkeit bedeuten, und auf Mißbilligung mit noch härterem Arbeiten zu reagieren, würde Nichtkonformität bedeuten. Damit würde man kurzfristig seinen Verdienst auf Kosten einer Schwächung der Verhandlungsposition der Arbeitskollegen maximieren. Ähnliches Verhalten bei Wye dagegen würde Konformität bedeuten und akzeptiert werden, wahrscheinlich, weil in diesem Rahmen kurzfristiger Gewinn höher bewertet wird als langfristige Stabilität. Um diese Aufgabe weiterführen zu können, würde man mehr Datenmaterial aus den beiden Fabriken benötigen, z. B. darüber, wer sich mit wem verglich und an welchen Werten man sich in jeder Situation orientierte.

Unsere Analyse der Konsequenzen sozialer Vergleiche hat bisher einige der möglichen Konsequenzen beschrieben. Dagegen haben wir noch von keiner Studie berichtet, die versucht vorauszusagen, welche der verschiedenen Konsequenzen wann auftreten. Die Dissonanztheorie ist ein Schritt in diese Richtung; sie ist aber augenblicklich noch nicht präzise genug, um eindeutige Vorhersagen zu erlauben. Adams (1965) hat ein der Dissonanztheorie ähnliches Modell entwickelt, das versucht, die Bedingungen anzugeben, unter denen jemand Gleichheit erfährt. Eines der überraschenden Ergebnisse der Hawthorne-Studien war die Wirksamkeit weitverbreiteter Normen, so z. B. was als »anständige Tagesarbeit zu einem anständigen Tageslohn« anzusehen sei. Adams Arbeit kann als Versuch angesehen werden, diese Normen genau zu bestimmen und zu zeigen, wie sie wirken.

Adams Theorie befaßt sich unmittelbar mit dem Ergebnis sozialer Vergleiche. Ihm zufolge vergleicht man das Verhältnis seiner eigenen Eingabe (input) zum Ergebnis (outcome) mit dem Verhältnis, das von Vergleichspersonen erzielt wird. Zeigt der Vergleich Ungleichheit an, so versucht man, die Ungleichheit zu reduzieren. Adams bezeichnet jeden, der Gleichheit oder Ungleichheit erlebt, als »Person« (P) und das Individuum, mit dem P sich vergleicht, als »andere Person« (A).

Inputs von P sind alle Eigenschaften, die P selbst als relevant für seine Leistung betrachtet. Sie schließen oft Alter, Dienstalter, Geschicklichkeit, Übung und Anstrengung ein. Adams betont, daß manche dieser Variablen von einer anderen Person (A) oder vom Arbeitgeber vielleicht nicht als Inputs aufgefaßt werden; nichtsdestoweniger beschäftigen wir uns mit der Situation aus der Sicht von P und nicht aus der Sicht von A. Die Ergebnisse bestehen für P in dem Nutzen, den er aus seiner Leistung gewinnt. Das kann die Bezahlung sein, innere Befriedigung bei der Ausführung einer Aufgabe, Statusanerkennung, gute Beziehungen usw. Wie bei den Inputs haben wir es damit zu tun, wie P seine eigenen Ergebnisse sieht und nicht wie andere sie sehen. Das Modell von Adams geht davon aus, daß P dann Ungleichheit erlebt, wenn sich sein Eingabe/Ergebnis (input/outcome)-Verhältnis von seiner Einschätzung des Eingabe/Ergebnis-Verhältnisses von A unterscheidet. Ungleichheit wie Dissonanz ist unangenehm, und P wird bestrebt sein, sie zu reduzieren. Man beachte, daß in Adams Modell kein Unterschied gemacht wird zwischen einer Ungleichheit, bei der P unterkompensiert wird. Mit anderen Worten: Jemand fühlt sich dem Modell zufolge genauso unbehaglich, wenn er überbezahlt wie wenn er unterbezahlt wird. Einer der Gründe für die Aufmerksamkeit, die Adams Modell erregt hat, ist darin zu sehen, daß seine Vorhersagen in manchen Punkten, wie z. B. bei der Überbezahlung, dem gesunden Menschenverstand widersprechen. Wenn die Vorhersagen zu diesen Punkten aufrechterhalten werden können, sind Theorien, die mehr als nur den anerkannten gesunden Menschenverstand untermauern, offensichtlich vorzuziehen.

Es ist eine Reihe interessanter Experimente vorgelegt worden, die Aspekte der Gleichheitstheorie testen (Goodman und Friedman, 1971; Pritchard, 1969). Die meisten Experimente beruhen auf der Manipulation der Inputseite der Gleichung. Es werden Studenten für eine Aufgabe wie Korrekturlesen angeworben. Dann veranlaßt man sie zu glauben, daß sie für die Aufgabe entweder gut oder schlecht geeignet seien und bezahlt sie für die gleiche Arbeit nach unterschiedlichen Sätzen. Dieses Vorgehen verhindert so ziemlich den Prozeß des sozialen Vergleichs. Der Versuchsperson wird keine Vergleichsperson zur Verfügung gestellt; stattdessen erzählt ihr der Versuchsleiter, daß sie eine dieser Arbeit entsprechende Vergütung erhält, oder eine Vergütung, die einer viel höher qualifizierten Person entspricht etc. Adams und Jacobson (1964) stellten fest, daß ihre überbezahlten Versuchspersonen langsamer, dafür aber sorgfältiger arbeiteten, wenn sie nach Stücksätzen bezahlt wurden. Adams und Rosenbaum (1962) berichten, daß die überbezahlten Versuchspersonen bei einer Stundenvergütung am schnellsten arbeiteten. Beide Ergebnisse stimmen mit der Theorie überein.

Friedman und Goodman (1967) weisen darauf hin, daß der Versuchsleiter, wenn er der Versuchsperson mitteilt, daß sie überbezahlt wird, vielleicht nicht nur deren Wahrnehmung ihrer Inputs beeinflußt. Sie mag die Hinweise als einen Affront gegenüber ihrer Selbstachtung auffassen und versuchen, die negative Vorstellung des Experimentleiters von ihr zu widerlegen, sofern sie sich, infolge früherer Arbeitserfahrung, für qualifiziert halten kann. Wenn sie nicht viel Erfahrung besitzt, wird sie vielleicht einfach die Ansicht des Versuchsleiters akzeptieren. Friedman und Goodman stellten fest, daß der Überbezahlungseffekt tatsächlich nur bei den Versuchspersonen auftrat, die sich anfänglich für gut geeignet hielten. Die Gleichheitstheorie kann dieses Ergebnis nicht erklären.

Pritchard (1969) zieht den Schluß, daß Experimente zur Gleichheitstheorie durchweg die Vorhersagen zum Unterbezahlungseffekt gestützt haben. Die Effekte der Überbezahlung dagegen lassen sich viel einleuchtender den Methoden zuschreiben, die im Experiment verwandt wurden. Wenn die Versuchsperson »beleidigt« worden ist, d. h. wenn man ihr gesagt hat, sie sei unqualifiziert, kommt es zu den Überbezahlungseffekten; wenn aber alternative Methoden angewendet werden (Andrews, 1967), verschwinden die Effekte. Pritchard schlägt deshalb ein paar Neuformulierungen der Gleichheitstheorie vor, die dem Rechnung tragen sollen. Der wichtigste Punkt ist, daß sich Adams Theorie hauptsächlich mit der Gleichheit zwischen einer Person P und einer anderen Person A beschäftigt, obwohl im Fall der Lohngleichheit immer eine wichtige dritte Partei mit im Spiel ist, nämlich der Arbeitgeber. Es ist durchaus wahrscheinlich, daß man — im Fall der Überbezahlung — argumentieren könnte, das sei die Schuld des Arbeitgebers. Nur wenn man eine direkte eins-zu-eins-Beziehung zwischen P als überbezahlt und A als folglich unterbezahlt wahrnähme, würden Gleichheitsnormen ausschlaggebend sein. Obwohl Adams die Bedeutung von Dritten erkennt, setzt sich seine Theorie nicht damit auseinander, wie sie die Situation beeinflussen. Die Gleichheitstheorie muß deshalb neu formuliert werden, damit sie die Mitwirkung Dritter bei jeglicher Austauschbeziehung berücksichtigen kann.

Diese Art der Beweisführung geht von Patchens weiter oben diskutierten Ergebnissen aus. Man wird sich daran erinnern, daß diejenigen sich dissonante Vergleichspersonen aussuchten, die von der Einschätzung ausgingen, daß Beförderung in der Organisation nicht von persönlicher Initiative abhing, sondern von Entscheidungen im Rahmen der Hierarchie. Ebenso wird die Gleichheitstheorie wenig Aussagekraft besitzen, wenn die Person P keine Beziehung zwischen ihren eigenen und den Ergebnissen der anderen Person A sieht; wenn P aber die Ergebnisse von A als abhängig von seinen eigenen Ergebnissen ansieht, dann wird die Theorie sehr viel aussagen können.

Die Konsequenzen sozialer Vergleiche sind daher immer noch schwer vorherzusagen. Die Laborexperimente haben sich nur mit einigen wenigen Möglichkeiten beschäftigt, wie man Ungleichheit zu reduzieren versuchen könnte. Änderungen der Arbeitsgeschwindigkeit oder -qualität wurden als Maßstäbe ausgewählt, weil sie leichter zu messen sind. Adams Theorie kann aber nur dann vollständig getestet werden, wenn man auch die anderen Möglichkeiten der Reduktion von Ungleichheit, die er angibt, berücksichtigt. Diese schließen ein: die wahrgenommenen Werte bestimmter Inputs oder Ergebnisse (outcomes) zu ändern, die eigene Vergleichsperson zu wechseln oder die Situation völlig außer acht zu lassen. Jede einzelne dieser Möglichkeiten läßt sich wohl schwer experimentell untersuchen, könnte aber in längerfristigen Organisationen von Bedeutung sein.

Da wir fast das Ende dieses Kapitels erreicht haben, mag es nützlich sein, über die Beziehung zwischen dem Prozeß sozialen Vergleichs, mit dem wir uns bisher beschäftigt haben, und anderen Formen sozialer Beeinflussung, denen wir uns im folgenden zuwenden werden, nachzudenken. Wenn wir an Adams Begriffen festhalten, ist sozialer Vergleich ein Prozeß, bei dem P A freiwillig als Richtlinie oder Anhaltspunkt für die eigene Bewertung benutzt. Das tut P vielleicht, weil sie ihrer selbst nicht sicher ist oder weil sie die Gleichheit ihrer Ergebnisse aufrechterhalten möchte. Unsicherheit und Sorge um die eigenen Ergebnisse sind weit verbreitet; deshalb treten die Auswirkungen sozialen Vergleichs in Gruppen und Organisationen ziemlich deutlich auf. Sozialer Vergleich ist aber ein Prozeß, der sich auf P konzentriert. P wählt A aus und entscheidet, was angesichts der Resultate seines Vergleichs zu tun ist. Im folgenden Kapitel betrachten wir die umgekehrte Situation, in der A versucht, das Verhalten von P zu beeinflussen. Wir wenden uns nun von P's Versuchen, eine Richtlinie für ihr Verhalten zu finden, den Schwierigkeiten von A zu, bei ihrem Versuch, P zu kontrollieren.

Zusammenfassung

Der Prozeß sozialen Vergleichs kann sehr einfach an einer Situation demonstriert werden, in der eine Person ihrer selbst nicht sicher ist. Ambiguität und folglich Unsicherheit sind weit verbreitet, sowohl im psychologischen Labor als auch in Langzeitgruppen und -organisationen. Daher begegnet man dem Prozeß sozialen Vergleichs ständig.

Mit Unsicherheit konfrontiert, sucht sich P einen oder mehrere A's aus, mit denen sie sich hinsichtlich relevanter Eigenschaften vergleichen kann. Gewöhnlich, aber nicht immer, wird sie jemanden auswählen, der ihr so ähnlich wie möglich ist. Patchens Arbeit in Ölraffinerien weist darauf hin, daß man auch dann Prozesse sozialer Vergleiche eingehen kann, wenn man sich nicht unsicher fühlt, sondern vielmehr wichtige Möglichkeiten der Belohnung auf dem Spiel stehen.

Die Konsequenzen sozialer Vergleiche werden wahrscheinlich in einer Reduktion der Ambiguität bestehen, verbunden mit einer Bestätigung oder Nicht-Bestätigung der eigenen Überzeugungen oder Verhaltensweisen. Diese Bestätigungen und Nicht-Bestätigungen werden dazu dienen, in Gruppen und in Organisationen vereinbarte Normen zu entwikkeln und aufrechtzuerhalten, nach denen Verhaltensweisen entweder hoch bewertet oder abgelehnt werden. Die Normen zum Beispiel, die sich bezüglich der Produktivität entwickeln, können je nach den besonderen Umständen restriktiv oder nicht-restriktiv sein.

Adams Gleichheitstheorie stellt den Versuch dar, die Konsequenzen sozialer Vergleiche vorherzusagen. Bisher war sie besser geeignet, die Konsequenzen der Unterbezahlung zu erklären, als die der Überbezahlung.

3

Die Ausübung von Kontrolle

Dieses Kapitel wird, wie das vorige, mit der Darstellung einer Reihe von Experimenten beginnen, in deren Mittelpunkt Elektroschocks standen. Das soll nun weder heißen, daß sich der größte Teil der Kleingruppenforschung mit Elektroschocks abgibt, noch, daß dies auf die wichtigeren Studien zutrifft. Diese beiden Experimentreihen dienen lediglich dazu, die in diesem Kapitel zu untersuchenden Prozesse auf lebhafte Weise zu beleuchten. Das grundlegende Verfahren der genannten Experimentreihen (Milgram, 1963; 1964 a, b; 1965 a, b) bestand darin, daß der Versuchsleiter die Versuchsperson beauftragte, einer anderen Versuchsperson eine Reihe von Elektroschocks zu verabreichen. Das Experiment wurde als Untersuchung zum Lernverhalten ausgegeben; die Versuchsperson war angewiesen, dem »Lernenden« immer dann einen Schock zu geben, wenn er einen Fehler machte. Die Rangfolge der Schocks war so angeordnet, daß jeder weitere Schock stärker als der vorhergehende war. Nach der Lektüre des vorigen Kapitels wird es den Leser nicht mehr verwundern, wenn er erfährt, daß keine wirklichen Schocks verabreicht wurden. Nichtsdestoweniger machen Milgrams Berichte über seine Arbeit deutlich, daß seine Experimente so überzeugend angelegt waren, daß die Versuchspersonen ganz gewiß davon überzeugt waren, daß sie echte Schocks austeilten.

Milgrams Absicht war es, Aspekte des Gehorsams zu studieren. Indem er die Parameter des Experimentes veränderte, versuchte er, die Bedingungen zu bestimmen, unter denen jemand blindlings die Befehle eines anderen ausführen würde, selbst wenn es sich um Aufgaben handelte, gegen die man Einwendungen erheben konnte, und die Befehle durch keine irgendwie geartete Begründung gerechtfertigt wurden. Diese Experimente gehören zu den umstrittensten, die bis heute von Sozialpsychologen durchgeführt worden sind. Kritiker (z. B. Baumrind, 1964; Kelman, 1968) haben bezweifelt, ob Forscher das Recht haben, ihre Versuchspersonen einem derartigen Streß auszusetzen, wie ihm Milgrams Versuchspersonen ohne Zweifel bei ihrer Entscheidung, ob sie den Befehlen gehorchen sollten oder nicht, unterlagen. Darüber hinaus lassen sich Untersuchungen über solche Formen destruktiven Gehorsams von totalitären Machthabern mißbrauchen. Milgrams Antwort (1964 a) lautet, daß seine Versuchspersonen — als sie entdeckten, was passiert war — überwiegend froh waren, etwas über sich selbst gelernt zu haben. Er sieht in seiner Untersuchung eher einen Beitrag zur Reduktion als zur Vergrößerung der Bedrohung durch totalitäre Machtsysteme. Wenn wir die Bedingungen kennen, unter denen blinder Autoritätsgehorsam entsteht, sind wir besser in der Lage, sein Auftreten einzuschränken. Debatten um die zulässigen Grenzen des Experimentierens werden wahrscheinlich weiterhin geführt werden.

Die Versuchspersonen sahen sich einem großen Elektroschockgenerator gegenüber, an dem sich eine Skala mit einer Einteilung von 15 bis 450 Volt befand. An einigen Punkten auf der Skala waren Bezeichnungen angebracht, die von »leichter Schock« bis zu »Vorsicht: starker Schock« reichten. Der Lernende wird auf einem Stuhl festgeschnallt, damit er seine Schocks erhalten kann. Wenn bestimmte Schockstärken erreicht werden, werden einige Bandaufnahmen abgespielt, die die Reaktionen des »Lernenden« simulieren. Bei 75 Volt zum Beispiel, stöhnt er; bei 150 Volt verlangt er, daß man ihn herausläßt; bei 180 Volt erklärt er, daß er den Schmerz nicht mehr aushalten kann; bei stärkeren Schocks trommelt er an die Wand oder schreit vor Schmerz, und später verstummt er. Milgrams wichtigstes Ergebnis war völlig unerwartet: Er hatte erwartet, daß sich die meisten Versuchspersonen schnell weigern würden, über die mäßigen Schockstärken hinauszugehen. Tatsächlich fuhren aber 26 der 40 Versuchspersonen fort, Schocks bis zum Äußersten der Skala auszuteilen. Wie wurde dieser Grad an Gehorsam erreicht? Immer, wenn die Versuchsperson unschlüssig wurde, sagte der Versuchsleiter einfach: »Sie haben keine andere Wahl, Sie müssen weitermachen.« Milgram nahm an, daß der Effekt etwas mit dem Prestige der Yale Universität, an der die Experimente durchgeführt wurden, zu tun haben könnte. Als er den Versuch in einem schäbigen, unbekannten Gebäude in einer nahegelegenen Stadt wiederholte, fiel der Prozentsatz der völlig gehorsamen Versuchspersonen von 65 % auf 48 %. Als zweite mögliche Variante wurde die physische Gegenwart des Versuchsleiters untersucht. Wenn er mit den Versuchspersonen nur in Telefonkontakt stand, gehorchten 23 % der Versuchspersonen bedingungslos im Vergleich zu 65 %, wenn er persönlich anwesend war. Hinzu kommt, daß die Versuchspersonen häufig am Telefon logen und behaupteten, sie hätten starke Schocks verabreicht, obwohl das gar nicht der Fall war. Bei einem dritten Komplex von Varianten ging es darum, wieviel Kontakt die Versuchsperson zu ihrem Opfer hatte. War das Opfer weder zu sehen noch zu hören, gehorchten 65 %; konnte man es hören aber nicht sehen, gehorchten 62 %; saß das Opfer neben der Versuchsperson, gehorchten 40 %; und mußte schließlich die Versuchsperson die Hand des Opfers auf die Schockelektroden legen, gehorchten immer noch 30 % bedingungslos.

Der Erfolg des Versuchsleiters, Gehorsam zu erzielen, schwankte also, je nach den Umständen, beträchtlich. Eine Variable, die Milgram nicht veränderte, war die Bezahlung: Alle Versuchspersonen erhielten $ 4.50, bevor das Experiment losging. In allen Experimenten bestanden die Versuchspersonen aus zwanzig- bis fünfzigjährigen Männern, die aus dem Gebiet von New Haven stammten und deren Schichtzugehörigkeit eine Verteilung aufwies, die der allgemeinen Bevölkerung entsprach. Wir können also den Schluß wagen, daß der Erfolg von Milgrams Versuchsleitern, Gehorsam zu erzielen, auf Geld, dem Prestige von Yale, der persönlichen Anwesenheit des Versuchsleiters und auf der räumlichen Entfernung des Opfers beruhte.

Beim Lesen dieses Berichts von Milgrams Arbeit hat der Leser vielleicht Gelegenheit gehabt, an das vorhergehende Kapitel zurückzudenken. Stellt nicht auch das Milgram-Paradigma eine neuartige Situation dar, ähnlich wie Schachters Untersuchung — in der sich die Versuchsperson äußerst unsicher fühlte und Orientierung durch sozialen Vergleich suchte? Ein auffallender Punkt bei der Experimentanordnung ist, daß sich die Versuchsperson in einer Situation befindet, in der Anforderungen an sie gestellt werden, ohne daß ihr eine Vergleichsperson zur Verfügung steht. Folglich ist diese Situation ganz anders als Situationen, die in Organisationen auftreten. In weiteren Abwandlungen seines Experimentes erforschte Milgram (1964 b) die Wirkung, die die Einführung solcher Vergleichspersonen hat. In einer Untersuchung wurden drei Versuchspersonen gebeten, bei der Entscheidung über die zu verabreichenden Schockstärken mitzuwirken. Zwei aus der Gruppe waren Komplizen des Versuchsleiters, die ständig steigende Schockstärken vorschlugen. Die Versuchspersonen waren überwiegend mit diesen Empfehlungen einverstanden, sogar die Versuchspersonen, die keine Neigung, sich für eine Erhöhung der Schockstärken zu entscheiden, zeigten. Dieses Experiment macht deutlich, wie sozialer Vergleich Konformität hinsichtlich stärker werdender Schocks erzeugen kann. Da aber bei dieser Anordnung keine Autoritätsperson existiert, können wir die Wirkungen des sozialen Vergleichs nicht mit denen der Kontrolle vergleichen.

In einer anderen Version erhielten Dreiergruppen vom Versuchsleiter wie gewöhnlich die Anweisung, eine Abfolge stetig steigender Schockstärken zu verabreichen. Die beiden Komplizen stellten die Anweisungen nie in Frage. Unter diesen Bedingungen stieg der absolute Gehorsam der Versuchspersonen leicht, auf 72 %, an. Das ist kein wesentlicher Unterschied zu den 65 % der auf sich selbst gestellten Versuchspersonen. Mit anderen Worten, wenn sozialer Vergleich in die gleiche Richtung wie die Autoritätsperson weist, ist keine besondere Wirkung festzustellen.

Bei der letzten Version dieser Untersuchung (Milgram, 1965 a) weigerten sich die beiden Komplizen, die Befehle des Versuchsleiters weiter auszuführen. Ihre Weigerungen erfolgten an verschiedenen Punkten der Skala mit steigender Schockintensität. Unter diesen Bedingungen gehorchten bloß 10 % der Versuchspersonen bedingungslos. Sozialer Vergleich spielt also wohl eine überaus wichtige Rolle, wenn es darum geht, den Einfluß kontrollierender Forderungen von Autoritätspersonen zu vermindern. Das Beispiel, das die beiden Komplizen aufgrund ihrer Befehlsverweigerung gaben, hatte einen viel größeren Einfluß auf die Verminderung des Gehorsams als jede andere Variation der Experimentanordnung.

Diese abschließende Version des Milgramexperimentes bietet eine viel stärkere Parallele zu nicht-experimentellen Situationen als die vorangehenden. Die Versuchsperson wird widersprüchlichen Hinweisen von verschiedenen Seiten ausgesetzt. Eine mächtige Autorität verlangt, daß sie sich in einer bestimmten Weise verhält, während ihre Vergleichspersonen diese Forderungen übereinstimmend ablehnen. Dieser Gegensatz erinnert an die Bank-Wiring-Studie und an viele andere Arbeitsgruppen in Organisationen. Viele Analytiker des Verhaltens in Organisationen haben es für zweckmäßig gehalten, das, was sie als »formelle« Organisation bezeichnen, von der »informellen« Organisation zu unterscheiden. Die formelle Organisation läßt sich durch die Verpflichtungen und Forderungen charakterisieren, die die Organisationsmitglieder gegenseitig zu erheben berechtigt sind. Die informelle Organisation ist nicht vorgeschrieben, umfaßt aber andere Formen des Einflusses, die in der Organisation entstehen und folglich die Wirkungen der formellen Organisation einschränken oder verstärken. Diese Unterscheidung steht insofern in einer Beziehung zur vorliegenden Analyse, als soziale Vergleichsprozesse eine Hauptdeterminante der informellen Organisation bilden, wohingegen die Ausübung von Kontrolle den Kern der formellen Organisation ausmacht. Um soziale Vergleichsprozesse handelt es sich, wenn das Organisationsmitglied sein Verhalten an anderen ausrichtet, während es sich um Kontrollprozesse handelt, wenn andere bewußt versuchen, sein Verhalten zu beeinflussen.

Man sollte nicht annehmen, daß soziale Vergleichsprozesse immer die Eigenschaft besitzen, Wirkungen von Kontrollprozessen aufzuheben, wie in der letzten Version des Milgramexperimentes. Eine Voraussetzung mag sein, daß die Forderungen des Führers unvernünftig sind. Helmreich und Collins (1967) testeten in einem Experiment die relative Anziehungskraft von Führerschaft und sozialem Vergleich nach Art des Schockexperimentes von Schachter. Unter den Bedingungen des sozialen

Vergleichs erzählte man den Versuchspersonen, sie würden ihre Aufgaben einzeln ausführen, aber in Gegenwart von zwei anderen Personen, die auf das Schockexperiment warteten. Bei dem Experiment mit Führer sagte man ihnen, daß zusätzlich eine Autoritätsperson anwesend wäre, die die Aufgaben und ihre direkte Ausführung bestimmen würde. Die ursprüngliche Schachterstudie bot den Versuchspersonen natürlich nicht die Gelegenheit, mit Autoritätspersonen zusammen zu warten. In Helmreichs und Collins Untersuchung stellte sich heraus, daß es die Versuchspersonen tatsächlich vorzogen, gemeinsam mit Autoritätspersonen zusammen zu warten. Damit werden die früheren Schlußfolgerungen modifiziert, was es ein wenig leichter macht zu erkennen, wie die beiden Prozesse des sozialen Vergleichs und der Kontrolle verknüpft sind, wo beide wirksam werden.

Milgrams Untersuchungen wurden ausführlich beschrieben, weil sie ziemlich deutlich die Frage aufwerfen, warum wir bestimmten anderen das Recht einräumen, uns zu sagen, wie wir uns verhalten sollen. Wir werden zwei Punkte untersuchen. Erstens: Unter welchen Umständen wird jemandem dieses Recht zugestanden? Und zweitens: Was wissen wir über die Bedingungen, unter denen dieses Recht am wirksamsten ausgeübt wird?

Wie das Recht zur Kontrolle erworben wird

Die traditionelle oder dem gesunden Menschenverstand entsprechende Vorstellung vom Kontrollprozeß bestand darin, daß er auf diejenigen übertragen wird, die eine besondere Kombination von Charaktereigenschaften aufweisen. Einige von uns seien »geborene Führer«, andere nicht. Diese Anschauung wurde von der Forschung stark diskreditiert. Eine detaillierte Zusammenfassung von Mann (1959) gibt einen Überblick über die Ergebnisse einiger hundert früherer Untersuchungen. Am häufigsten wird die Beziehung zwischen Intelligenz und Führerschaft untersucht. Diese Beziehung wurde in 196 Fällen überprüft und erwies sich in 173 getrennten Tests als positiv. Es *besteht* also eine Tendenz, daß Führerschaft und Intelligenz zusammen auftreten. Aber — so berichtet Mann — der Mittelwert der Korrelation zwischen Intelligenz und Führerschaft beträgt in diesen Untersuchungen nur + 0,25. Das bedeutet, daß sich nur ungefähr 6 % der Abweichungen beim Führerverhalten durch Schwankungen der Intelligenz erklären lassen. Ähnlich verhalten sich Messungen der Dominanz zur Erlangung einer Führerrolle (mittlere Korrelation +0,20); ebenso Messungen der Anpassung (+0,15) und Extraversion (+ 0,15). Wir müssen daraus schließen, daß, obwohl jede dieser Messungen ein paar Prozent der Abweichung im Führerverhalten erklären, sich daraus nicht ein bestimmter Typ der »idealen« Führerpersönlichkeit ergibt.

Das Konzept des Kontrollprozesses, das die diskreditierte Theorie der Idealtypen ersetzte, ist in der Regel als »Situations«-Theorie bekannt. Danach werden sich die Personen, die als Führer zu akzeptieren wir bereit sind, von einer Situation zur anderen unterscheiden. Wenn wir mit einem schwierigen Problem konfrontiert sind, lassen wir uns von jemand leiten, der sehr intelligent ist; wenn wir einen unbekannten Ort besuchen, von jemand, der mit der Gegend vertraut ist; in einem sozialen Rahmen von jemand, der freundlich ist; bei einem Verkehrsunfall von einem Polizisten. Solch ein Modell von Führerschaft ist zwar plausibel, aber irgendwie zu vage, um von großem Nutzen zu sein. Es ist immer möglich, Situationen zu betrachten, ausfindig zu machen, wessen Führung am meisten akzeptiert wird, und dann *post hoc* zu analysieren, warum ihr Anteil in diesem besonderen Zusammenhang am höchsten bewertet werden sollte. Was wir brauchen, sind Ansätze, die uns im Voraus mitteilen, welche Art von Führerschaft in welcher Situation akzeptiert werden wird.

Hollander und Julian (1971) haben von einer Reihe von Untersuchungen berichtet, die in dieser Richtung vorzudringen versuchen. In einem Experiment wurden den Versuchspersonen hypothetische Beschreibungen von Führern vorgelegt, und man bat sie, sich vorzustellen, daß sie einer Gruppe angehörten, die von einer solchen Person geleitet würde. Ihre Bewertungen dieser hypothetischen Führer fielen besser aus, wenn der Führer als jemand beschrieben wurde, der an dem »Gruppengeschehen großen Anteil nahm«. Sie waren auch ein bißchen besser, wenn der Führer »an den Gruppenaktivitäten interessiert« war und »an den Gruppenmitgliedern Interesse zeigte«. Andererseits machte es keinen Unterschied, ob es sich um einen gewählten oder um einen ernannten Führer handelte. In Experimenten, in denen experimentell gebildete Gruppen an einer Beurteilungsaufgabe arbeiteten, ergab sich erneut, daß die Kompetenz des Führers ausschlaggebend für seinen Einfluß war. Unser Vertrauen in dieses Ergebnis wird dadurch gestärkt, daß es unter Anwendung zweier ganz verschiedener Untersuchungsmethoden zustande kam.

Hollanders Konzipierung des Führungsprozesses leitet sich von einer weiter gefaßten Position ab, die gewöhnlich als Austauschtheorie (Homans, 1961; Thibaut und Kelley, 1959) bekannt ist. Die Austauschtheoretiker gehen davon aus, daß wir die Ergebnisse unserer Beziehungen zu anderen zu maximieren bestrebt sind; sie versuchen, diese Beziehungen auf eine quasi-ökonomische Weise zu analysieren. Demgemäß ist es wahrscheinlicher, daß ein kompetenter Führer seinen Anhängern Belohnungen verschafft, und seine Kontrolle wird deshalb mit größerer Wahrscheinlichkeit akzeptiert. Hollander befaßt sich nicht nur mit dem Umfang der Aufgabenkompetenz, die der potentielle Führer an den Tag legt, sondern auch damit, in welchem Maße er mit den Ansichten seiner Anhänger übereinstimmt. Er argumentiert, daß sich der Führungsaspirant zuerst womöglich den Erwartungen der Gruppe oder der Organisation anpassen muß, wenn er die Rolle eines Führers übernehmen will; um aber seine Führungsrolle zu sichern, mag es ebensogut nötig sein, dem Konformitätsdruck zu widerstehen; und zwar deshalb, weil Führer, die akzeptiert werden, diejenigen sind, die die Erfolge erzielen: Wenn Erfolgreichsein voraussetzt, daß der Führer dem Konformitätsdruck widersteht, wird die Gruppe das hinnehmen. Im Verlauf seiner Austauschtheorie argumentiert Hollander, daß sich der Führer einen »Anspruch auf individuelle Besonderheit« verschaffen wird. Mit anderen Worten: In Anbetracht früherer Erfolge wird die Gruppe gegenwärtige Nonkonformität dulden; wenn gegenwärtige Nonkonformität aber nicht zu weiterem Gruppenerfolg führt, dann wird der Anspruch des Führers auf individuelle Besonderheit reduziert und er wird in Zukunft unter eingeengteren Bedingungen arbeiten müssen. Ein heldenhafter Führer könnte somit beträchtliche Freiheit genießen, während ein unbedeutender Führer praktisch Gefangener der Forderungen seiner Gruppe sein könnte. Hollander (1960) zeigte, daß Anhänger ihrem Führer bei einer experimentellen Laboraufgabe mehr Nonkonformität zubilligten, wenn der Führer früher sowohl Konformität als auch Kompetenz bewiesen hatte. Hollander und Julian (1971) fanden heraus, daß gewählte Führer eher als ernannte Führer dazu neigten, anschließend nicht konform zu gehen. Hollanders Betonung der Kompetenz und der Konformität als wesentliche Determinanten der Führerschaft stützt sich auf frühere Arbeiten von Bales und seinen Mitarbeitern in Harvard (Bales, 1958; Slater, 1955). Diese Forscher vertraten die Ansicht, daß jede Gruppe mit dem Problem konfrontiert wird, die Anforderungen, die die Aufgabe an die Gruppe stellt, und das Bedürfnis nach sozio-emotionalem Zusammenhalt in der Gruppe im Gleichgewicht zu halten. Es gelang ihnen zu beweisen, daß experimentelle Gruppen unter bestimmten Bedingungen dazu neigten, eine geteilte Führungsstruktur zu entwickeln; dabei wurde ein Mitglied »Aufgabenspezialist« und ein anderes Spezialist auf »sozio-emotionalem« Gebiet. Während Bales' Arbeit sich auf die Bedingungen, unter denen es zu einer solchen Teilung kommt, konzentrierte, befaßte sich Hollander mit den Bedingungen, unter denen es einem einzelnen Führer gelingt, diese widerstreitenden Anforderungen im Gleichgewicht zu halten.

Keine der beiden Untersuchungen kann uns irgendetwas darüber mitteilen, welcher Führungsstil effektiver ist (dem wollen wir uns gleich zuwenden); dafür beschreiben sie aber einige der Faktoren, die bestimmen, wer vorhandene Führungsrollen ausfüllt. Verba (1961) hat darauf hingewiesen, daß die von Bales festgestellte Aufspaltung in aufgabenbezogene und sozio-emotionale Spezialisten nur in kurzfristigen *ad hoc*-Experimenten anzutreffen sein wird. Das wurde zum Teil von Smith (1963) bestätigt, der nachwies, daß es in Management-Trainingsgruppen um so seltener zur Teilung kam, je kohärenter die Gruppe war.
Der Versuchsleiter in den Milgram-Studien ließ keine sichtbaren Anzeichen von Kompetenz oder Konformität erkennen. Er vermied es sogar, wohldurchdachte Argumente zu benutzen oder irgendeine seiner eigenen Meinungen zu verraten. Man gehorchte ihm einfach, weil die Versuchspersonen ihm das *Recht* zum Befehlen einräumten. Wenngleich Kompetenz und Konformität bei der Bestimmung des Führerstatus immer eine große Rolle spielen werden, wird vielen Führern, besonders denjenigen in Organisationen, primär deswegen gehorcht, weil sie das Recht zum Befehlen haben. Die bereits erwähnten Untersuchungen von Hollander und Julian (1971) enthielten eine Unterscheidung zwischen gewählten und ernannten Führern, ließen aber keinen Unterschied erkennen, was ihre Akzeptierung seitens der Anhänger betrifft. Das mag darauf zurückzuführen sein, daß beide Formen der Führerauswahl im experimentellen Rahmen durchaus legitim waren. Um die Bedeutung der Legitimation als Determinante für Führerschaft aufzeigen zu können, ist es notwendig, einige Führer in die Untersuchung einzubeziehen, die auf illegitime Weise zu ihrer Stellung gelangt sind. Eine solche Studie wurde von Raven und French (1958) durchgeführt. Versuchspersonen arbeiteten in Gruppen an einer Aufgabe, und jede Gruppe enthielt eine Komplizin des Versuchsleiters. In der einen Form des Experiments wurde dieser Handlanger aufgrund einer manipulierten Wahl zum Führer bestimmt, während er in einem anderen Fall die Gruppe ohne formelle Wahl einfach übernahm. Es stellte sich heraus, daß der Einfluß der Führerin viel größer war, wenn sie ernannt wurde.
Kurz zusammengefaßt ist es wahrscheinlicher, daß wir anderen das Recht auf Kontrolle unseres Verhaltens zugestehen, wenn sie — die relevanten Aufgaben betreffend — kompetent sind, wenn ihr Verhalten mit unseren Präferenzen übereinstimmt und wenn sie in einer Weise für die Aufgabe der Kontrolle ernannt worden sind, die wir als legitim anerkennen. Keine dieser Bedingungen gibt den Ausschlag, und jede einzelne wird geschwächt, wenn sie nicht durch die anderen unterstützt wird. Treffen alle diese Bedingungen des Einflusses zusammen, so wird der Führer

wirkliche Macht besitzen. Da aber die verschiedenen Voraussetzungen häufiger unvereinbar sind, als daß sie sich gegenseitig unterstützen, sind sich Führer häufiger ihrer Machtlosigkeit als ihrer Macht bewußt. Wir wollen einige Gründe dafür untersuchen.

Der Führer als Mittelsmann

Viele Führer sind mehr von einer dieser Einflußgrundlagen abhängig als von den jeweils anderen. Ein Führer könnte sich zum Beispiel stark auf seine Legitimität als Quelle seines Einflusses berufen und sein *Recht*, anderen Befehle zu geben, betonen. In diesem Fall läuft er Gefahr, in seinem Anspruch auf individuelle Besonderheit, den ihm die untergebene Gruppe einzuräumen bereit ist, zu weit zu gehen. Als Opposition wird sich eine »informelle Organisation« mit einem eigenen Führungsstil bilden, um die Werte der untergebenen Gruppe zu bewahren. Dieser Prozeß wurde an der Beschaffenheit der Gruppe im Milgram-Experiment deutlich. Er mag auch in Bales' Erörterungen über Gruppen vorgekommen sein. Wenn man den Prozeß des sozialen Vergleichs gegenüberstellt, kann sich der Führer nicht darauf verlassen, daß Kontrolle der stärkere Prozeß von beiden ist.

Eine andere Möglichkeit bestünde für den Führer darin zu versuchen, seine grundlegende Ähnlichkeit zu seinen Untergebenen zu betonen. Wenn er genügend auf ihre Wünsche eingeht, kann er selbst Ausgangspunkt für sozialen Vergleich werden. Hollanders Modell der Zubilligung von individueller Besonderheit zeigt, wie das vor sich gehen könnte. In einem solchen Fall würde der Führer Führer bleiben und doch nicht mit den sozialen Vergleichsprozessen innerhalb der ihm untergebenen Gruppe in Konflikt geraten. Wenn diese Möglichkeit immer praktikabel wäre, verlöre die in diesem Buch getroffene Unterscheidung zwischen Kontrollprozessen und Prozessen sozialen Vergleichs stark an Bedeutung. Es wäre dann viel einfacher, stattdessen nur einen wirksamen Beeinflussungsprozeß anzunehmen. Die Möglichkeit jedoch, daß ein Führer sich selbst zum Gegenstand des sozialen Vergleichs macht, erscheint sehr unwahrscheinlich. Je mehr sich sein Verhalten an seiner untergebenen Gruppe ausrichtet, desto wahrscheinlicher ist es, daß er in Konflikt mit den Weisungen übergeordneter Managementgruppen gerät, die hauptsächlich die Besetzung der Führungsposition durch seine Person legitimieren. Das übergeordnete Management wird Druck auf ihn ausüben, sich mehr in Übereinstimmung mit ihren Prioritäten und weniger in Übereinstimmung mit denjenigen seiner Untergebenen zu verhalten.

Führung stellt somit einen Prozeß des Ausbalancierens dar. Es geht weder einfach darum, die Kontrollansprüche eines Vorgesetzten weiterzugeben, noch darum, sich den sozialen Vergleichsprozessen seiner Untergebenen anzupassen. Es handelt sich um das Innehaben einer Funktion, die in einzigartiger Weise zwischen zwei oder mehr Gruppen einer Organisation angesiedelt ist. Der bedeutendste Versuch, diese »Bindeglied«-Rolle in ein Konzept zu bringen, wurde — wir haben es bereits erwähnt — von Likert (1961) unternommen. Likerts Buch *New Patterns of Management* ist immer noch die kohärenteste Darstellung der »Human Relations«-Richtung. Seine Arbeit an der Universität von Michigan hat viel zu der Begründung der Bindegliedtheorie beigetragen. Likert gibt einen Überblick über das Datenmaterial verschiedener Studien, die in ganz unterschiedlichen Organisationen durchgeführt wurden. Das Ziel war in allen Fällen das gleiche: Unterschiede zu erkennen zwischen Vorgesetzten, deren Untergebene eine relativ hohe Produktivität aufwiesen und Vorgesetzten, deren Untergebene weniger produktiv waren. Es wurden Untersuchungen in Versicherungen, Eisenbahnwartungskolonnen, in einer Traktorenfabrik, in staatlichen Forschungslabors, in freiwilligen Organisationen und anderswo durchgeführt. Die grundlegenden Ergebnisse können nach drei Gesichtspunkten zusammengefaßt werden. Die kompetentesten Vorgesetzten:

(1) waren aktiver bei Aufgaben, die sie von ihren Untergebenen unterschieden. Sie verbrachten mehr Zeit damit, vorauszuplanen und andere auszubilden, und weniger Zeit damit, Seite an Seite mit ihren Untergebenen zu arbeiten.
(2) überprüften weniger häufig die Leistungen ihrer Untergebenen.
(3) wurden mit größerer Wahrscheinlichkeit von ihren Untergebenen als »arbeitnehmerorientiert«, denn als »produktionsorientiert« empfunden. Mit anderen Worten: Bei Auseinandersetzungen mit dem höheren Management hielten sie eher zu ihren Arbeitnehmern als zu dem höheren Management.

Diese Ergebnisse weisen auf Likerts Ansicht hin, daß sich kompetente Vorgesetzte mehr darauf verlassen, der untergeordneten Gruppe Aufmerksamkeit zu schenken, als darauf, ihre organisatorischen Rechte zum Befehlen herauszustreichen. In der Tat weisen besonders Ergebnis (2) und (3) auf Situationen hin, in denen die Konformität des Vorgesetzten mit den Präferenzen seiner Untergebenen wichtiger ist als seine organisatorische Legitimität.

Likerts Ergebnisse widersprechen einigen Annahmen des allgemein akzeptierten gesunden Menschenverstandes, denn nach Ergebnis (2) und (3) scheinen die besten Manager die zu sein, die weniger Zeit mit managen zubringen. Der größere Teil von Likerts Daten ist so beschaffen, daß die Ergebnisse mit Vorsicht betrachtet werden müssen. Seit der Veröffentlichung des Materials ist von verschiedenen Autoren (Strauss,

1963; Lowin, 1968) starke Kritik laut geworden, die wir jetzt prüfen wollen. Die Kritik zielt nicht darauf ab, den Wert der Michigan-Arbeit herabzuspielen, sondern will darauf hinweisen, daß ihrer allgemeinen Anwendbarkeit Grenzen gesetzt sind.

Die erste Kritik an der Michigan-Arbeit besteht darin, daß sie in Michigan entstand. Eine solche Kritik mag ungemein engstirnig erscheinen. Sie zielt darauf ab, daß die Universität von Michigan beträchtliches Ansehen als Forschungszentrum für Human-Relations-Aspekte in Organisationen besitzt. Höchst wahrscheinlich haben die Forscher in Michigan nicht die Absicht, eine verzerrte Auswahl von Organisationen zu untersuchen, aber die Möglichkeit ist nicht von der Hand zu weisen, daß der Ruf von Michigan die Auswahl der Organisationen, die Kontakt mit ihr aufnehmen, selektiv verzerren wird. In Anbetracht dieser Möglichkeit sollte man Ausschau halten, ob Forscher anderer Institutionen zu vergleichbaren Ergebnissen kommen. So erhielt Fiedler von der Universität Illinois während der ganzen 50er Jahre sich widersprechende Ergebnisse. Wir werden seine Arbeit gleich genau untersuchen.

Ein zweites Problem des Likertmodells ergibt sich aus der Annahme einer linearen Beziehung zwischen den verschiedenen Dimensionen des Verhaltens des Vorgesetzten und der Leistung des Untergebenen. Das wird an keiner Stelle klar ausgesprochen, aber die Daten werden in einer Art und Weise dargestellt, daß man zum Beispiel meinen könnte, die Leistung des Untergebenen sei um so größer, je stärker die Arbeitnehmerorientierung des Vorgesetzten ist. Es gibt eindeutig einen Punkt, über den hinaus diese Art der Beziehung sehr unwahrscheinlich wird. Viel wahrscheinlicher ist es, daß eine Schwelle existiert, über die hinaus eine weitere Zunahme der Arbeitnehmerorientiertheit des Vorgesetzten den Untergebenen nicht beeinflußt oder sogar seine Leistung dadurch verringert, daß Konflikte mit dem Kontrollverlangen des übergeordneten Managements geschaffen werden. Fleishman und Harris (1962) berichten von solchen kurvilinearen Beziehungen zwischen der Rücksichtnahme des Vorgesetzten und der Reaktion des Untergebenen und zwischen dem Grad, bis zu dem der Vorgesetzte initiiert und der Reaktion des Untergebenen. Einige ihrer Kurven sind in Abbildung 2 wiedergegeben. Die Tatsache, daß solche kurvilinearen Beziehungen selten gefunden werden, ist mit ziemlicher Sicherheit darauf zurückzuführen, daß nur selten nach ihnen gesucht wurde.

Die Michigan-Studien beruhen eher auf Erhebungen als auf Experimenten. Mit anderen Worten, die Forscher haben nicht den Versuch gemacht, das Verhalten des Vorgesetzten experimentell zu ändern: Sie erfaßten lediglich die Beziehungen zwischen dem Verhalten des Vorgesetzten und der Leistung des Untergebenen. Darin liegt die Schwäche jeder Untersuchung, die auf einer Erhebung beruht: Man hat keine Möglichkeit herauszubekommen, wodurch etwas verursacht wird. Likert nimmt an, daß das Verhalten des Vorgesetzten die Leistung des Untergebenen hervorruft. Ist es nicht aber genauso einleuchtend, daß die Leistung des Untergebenen das Verhalten des Vorgesetzten beeinflußt? Wie bei vielen Formen interpersonellen Verhaltens könnte man eine Art zyklisches Feedback erwarten, wobei das Verhalten jeder Person das der anderen beeinflußt. Lowin und Craig (1968) bedienten sich eines rollenspielenden Helfershelfers, um die Hypothese zu überprüfen, daß der Untergebene das Verhalten seines Vorgesetzten beeinflussen kann. Sie stellten fest, daß die hart arbeitenden Helfershelfer ihre Vorgesetzten dazu brachten, rücksichtsvoller, weniger initiativ und zurückhaltender zu sein als bei den trägen Helfershelfern. Folglich beweist Likerts Datenmaterial nur, daß es eine Kausalverbindung zwischen dem Verhalten des Vorgesetzten und der Leistung der Untergebenen geben *kann*.

Um die Richtung der Verursachung genauer zu testen, müssen wir uns den wenigen Experimenten zuwenden, die die Michigan-Gruppe durchgeführt hat und die für diese Frage relevant sind. In jedem dieser Experimente wurde das Verhalten der Vorgesetzten bewußt verändert und anhand von Messungen des Verhaltens der Untergebenen die dadurch entstehenden Konsequenzen beurteilt. Die Ergebnisse sind unterschiedlich. Eine klassische Studie von Coch und French (1948) ließ nach der Durchführung von Änderungen mittels Gruppendiskussionen eine gesteigerte Produktion erkennen. Ein Versuch von French, Israel und Ås (1960), dieses Ergebnis zu wiederholen, verlief erfolglos. Likert (1961) berichtet von einem Experiment, bei dem dic Vorgesetzten verschiedenen Gruppen zugeteilt wurden; als Reaktion auf den neuen Vorgesetzten änderte sich die Produktivität jeder Gruppe und erreichte das Niveau, das sich in der früheren Gruppe des Vorgesetzten ergeben hatte. Ein ehrgeiziges Experiment von Morse und Reimer (1956), das darin bestand, die Hälfte der Vorgesetzten eines Versicherungsunternehmens auf Zentralisierung der Entscheidungsprozesse hin auszubilden und die andere auf Dezentralisierung hin, hatte in beiden Fällen starke Produktivitätssteigerungen zur Folge. Es ergaben sich hingegen bei beiden Anordnungen Unterschiede bezüglich der Arbeitsmoral; man sollte aber vielleicht nicht zu viele Schlüsse aus dieser Untersuchung ziehen, da wegen des begrenzten Arbeitsquantums die größere Produktivität größere Freizügigkeit bedeutete.

Es ist überaus schwierig — in Feldversuchen wie diesen — äußere Veränderungen zu kontrollieren. Das hat zur Folge, daß man gewöhnlich ar-

Abb. 2 *Zusammenhänge zwischen Personalwechsel (labour turnover) im Zuständigkeitsbereich eines Vorgesetzten einerseits, seiner Rücksichtnahme und seinem strukturierenden Eingreifen andererseits*

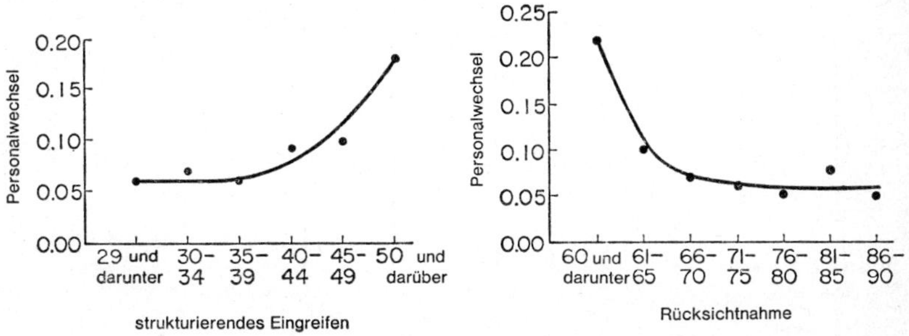

Aus Fleishman und Harris (s. Literaturverzeichnis S. 149; Verwendung mit Genehmigung der *Personnel Psychology*). Die Messungen zum Verhalten der Vorgesetzten basieren auf Fragebögen, die von dem Vorgesetzten ausgefüllt wurden.

gumentieren kann (Lowin, 1968), selbst die positiven Ergebnisse könnten anders interpretiert werden. Der für Likerts Position günstigste Schluß aus diesen Experimenten läßt sich nicht präziser ausdrücken als: Unter *gewissen* Umständen führt eine Verstärkung partizipativer oder arbeitnehmerorientierter Leitung zu erhöhter Leistung der Untergebenen. Eine andere Möglichkeit der Formulierung bestünde darin zu sagen, die experimentellen Ergebnisse stimmten mit der Annahme überein, daß unterschiedliche Situationen nach unterschiedlichem Gleichgewicht verlangen zwischen dem Vorgesetzten, der infolge seiner legitimen Autorität kontrolliert, und dem Vorgesetzten, der Einfluß ausübt, indem er sich selbst zur Grundlage sozialen Vergleichs durch seine Untergebenen macht.

Das Kontingenzmodell der Effektivität von Führung

Obwohl Likerts Modell eine geschickte Zusammenschau von Verkettungen zwischen Gruppen in Organisationen darstellt, ähnelt es doch in einer Beziehung der diskreditierten Eigenschaftstheorie der Führung. Sie behauptet, daß es für alle Situationen eine beste Art zu führen gibt. Es sollte daher nicht überraschen, daß Likerts Theorie nur in manchen Situationen bestätigt wird. Vroom (1960) stellte fest, daß von den Arbeitern in einem Verpackungsbetrieb die autoritären Arbeiter autoritäre Kontrollpersonen vorzogen, während die nichtautoritären partizipative Vorgesetzte bevorzugten. Goldthorpe u. a. (1968) fanden heraus, daß von

Fließbandarbeitern einer britischen Autofabrik der Typ von Vorgesetztem bevorzugt wurde, der einen in Ruhe ließ. Eine derartige Verschiedenheit ist mit keiner der Rezept-Theorien in Einklang zu bringen, die auf der Annahme basieren, es gäbe eine richtige Art effektiver Führung.

Weiter oben in diesem Kapitel haben wir untersucht, wie unterschiedliche Personen in unterschiedlichen Situationen zum Führer auserwählt werden. Fiedlers Theorie (1967) versucht, der Situationstheorie der Führung mehr Überzeugungskraft zu verleihen, indem er die Bedingungen nennt, unter denen die verschiedenen Führertypen mehr oder weniger Erfolg haben. Hierbei handelt es sich um ein recht ehrgeiziges Unternehmen, das Fiedler notwendigerweise dazu zwingt, ziemlich viele Vereinfachungen zu machen. Er nimmt zum Beispiel an, daß die Produktivität der Untergebenen ein gültiges Maß für die Effektivität der Führer ist und läßt dabei Arbeitsmoral und andere Indikatoren außer acht. Ferner nimmt er an, daß die Fähigkeiten des Führers nur anhand einer einzigen Größe klassifiziert zu werden brauchen; und schließlich, daß Situationen, in denen Führer tätig werden, danach klassifiziert werden können, wie günstig sie für den Führer sind.

Fiedlers Theorie entstand aus seiner Arbeit in den 50er Jahren. Wie die Forscher aus Michigan führte er in verschiedenen Bereichen Untersuchungen durch, die in Erhebungen bestanden. In seinem Fall handelte es sich um Siemens-Martin-Stahlwerke, Basketball-Teams, Militäreinheiten, landwirtschaftliche Genossenschaften usw. Er fand heraus, daß ein zurückhaltender kontrollierender Führer in den meisten dieser Situationen mehr Erfolg hatte als ein Führer, der Wert auf gute Beziehungen legte. Somit schienen seine Ergebnisse denen der Michiganforscher zu widersprechen. Jedoch waren sowohl die von ihm untersuchten Situationen als auch die angewandten Meßmethoden verschieden.

Das von Fiedler entwickelte Modell ist in Abbildung 3 dargestellt. Wir wollen drei Punkte auf diesem Schaubild betrachten. Wenn die Situation für den Führer sehr günstig ist, hat er es leicht, seine Anhänger zu beeinflussen. Sein Anspruch auf Kontrolle ihres Verhaltens ist fest begründet. Direktive, aufgabenorientierte Führung wird deshalb in dieser Situation am besten funktionieren; sie ist weniger umständlich und zeitraubend als Methoden, die stärker partizipativ ausgerichtet sind. Wenn die Situation für den Führer mäßig günstig ist, muß er mit einigem Widerstand bei seinen Anhängern rechnen. Sie werden ihm nur dann gestatten, sie zu kontrollieren, wenn er als Gegenleistung ihren Bedürfnissen ein Stück entgegenkommt. Fiedler behauptet, daß in dieser Situation der beziehungsorientierte, persönlichere Führungsstil überlegen

Abb. 3 *Fiedlers Modell der Effektivität von Führung*

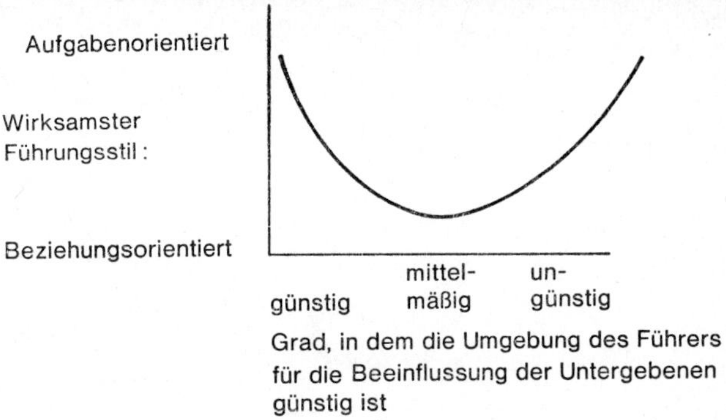

sein wird. Der dritte Punkt, der in Fiedlers Schaubild betrachtet werden soll, stellt eine für den Führer ungünstige Situation dar. Hier verfügt er über wenig, auf das er seinen Einfluß stützen könnte und sicher keine Möglichkeiten, den Bedürfnissen der Untergebenen zu entsprechen. Fiedler meint, daß alles, was er tun kann, darin besteht, sich auf alle ihm zur Verfügung stehenden Machtmittel zu verlassen. Folgerichtig ist auch hier wieder die direktive, aufgabenorientierte Führung die wirksamere. Dem Gesamtmodell zufolge ist daher eine »U«-förmige nichtlineare Beziehung zwischen Führungsstil und Führungserfolg zu erwarten.

Fiedlers nichtlineares Modell steht im Gegensatz zu den bereits untersuchten Modellen von Likert und Hollander. Zum Vergleich sind die Modelle von Likert und Hollander in Schaubildform in den Abbildungen 4 und 5 dargestellt. Nach Likert ist beziehungsorientierte Führung immer überlegen; infolgedessen zeigt die graphische Darstellung eine

Abb. 4 *Likerts Modell der Effektivität von Führung, dargestellt in Fiedlers Begriffen*

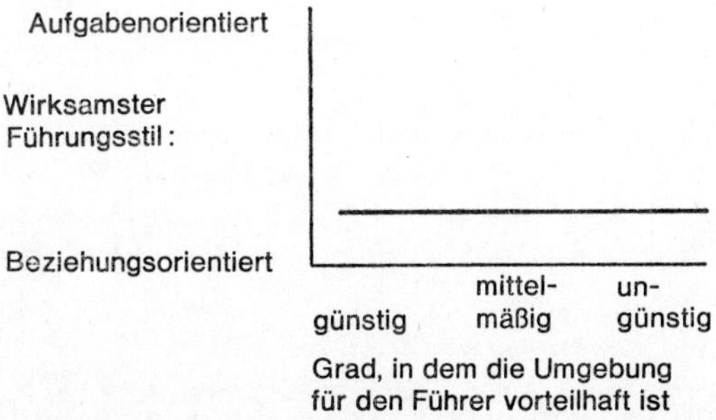

waagerechte Linie. Likerts Modell scheint damit dem Modell von Fiedler zu widersprechen, seine Daten müssen das aber nicht notwendigerweise auch tun. Wenn sich nachweisen ließe, daß Likerts Daten alle aus Situationen stammen, die mittelmäßig günstig für den Führer waren, würden Fiedlers und Likerts Modelle zur gleichen Vorhersage kommen, daß nämlich beziehungsorientierte Führung überlegen ist. Wir haben noch nicht untersucht, wie Fiedler ermittelt, ob eine Situation für den Führer günstig ist; aber selbstverständlich sind Fiedlers Messungen nicht auf Likerts Untersuchungen übertragbar, so daß wir nicht überprüfen können, ob es sich dabei um mittelmäßig günstige Situationen handelte.

Hollanders Modell ist in Abbildung 5 graphisch dargestellt. Der Anspruch des Führers auf individuelle Besonderheit fällt linear mit abnehmendem Gruppenerfolg. Um diesen Sachverhalt zu Fiedlers Modell in

Abb. 5 *Hollanders Modell der Effektivität von Führung*

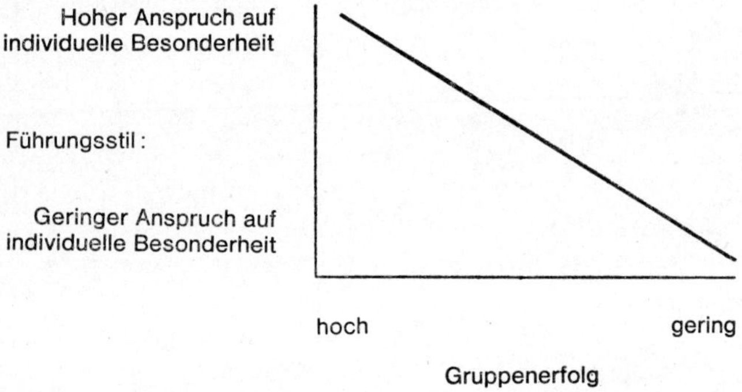

Beziehung setzen zu können, müssen wir annehmen, daß günstige Situationen für den Führer zu größerem Gruppenerfolg führen und daß eine der Möglichkeiten für den Führer solcher Gruppen, sich der Anerkennung seiner individuellen Besonderheit zu bedienen, darin besteht, an seine Anhänger »unvernünftige« Aufgabenanforderungen zu stellen. Mit anderen Worten: Ein Führer, dessen individuelle Besonderheit in hohem Maße akzeptiert wird, könnte es sich leisten, kontrollierend und direktiv aufzutreten; ein Führer, dessen individuelle Besonderheit wenig akzeptiert wird, müßte dagegen durch eine stärkere Beziehungsorientierung auf die Bedürfnisse seiner Anhänger eingehen. Wenn diese Parallele zwischen beiden Modellen richtig ist, dann entspricht Hollanders Modell der linken Seite von Fiedlers Modell. Hollander zufolge hört der Führer unterhalb eines bestimmten Erfolgsniveaus einfach auf, Führer zu sein. Fiedlers Forschung hat sich mehr mit formellen Arbeitsorganisationen befaßt; unter diesen Bedingungen ist das bei kurzfristiger Betrachtungsweise kaum möglich. Wie diskreditiert der Führer auch sein mag, es verbleibt ihm ein Rest an Sanktionen, die er im Namen der Organisation anwendet.

Es gibt also sowohl Parallelen als auch offensichtlich beträchtliche Unterschiede zwischen den drei vorgestellten Führungsmodellen. Dabei handelt es sich vielleicht eher um scheinbare als um wirkliche Unterschiede, da die Modelle im Hinblick auf unterschiedliche Situationen formuliert wurden. Um herauszubekommen, ob das zutrifft oder nicht, müssen wir uns Versuchen zuwenden, die die Beschaffenheit verschiedener Situationen messen. Fiedlers Modell behandelt gerade diesen Punkt besonders ausführlich.

Fiedler (1967) skizziert drei Dimensionen, von denen gesagt werden kann, daß sie bestimmen, wie günstig Situationen für die Beeinflussungsbemühungen des Führers sind. Von der Herzlichkeit der Führer-Anhänger-Beziehungen wird angenommen, sie sei die wichtigste Dimension. Fiedler vertritt die Meinung, daß die Situation für den Einfluß des Führers günstiger ist, wenn sein Verhältnis zu den Anhängern herzlich und freundlich ist, als wenn seine Beziehungen kühl und distanziert sind. Die zweitwichtigste Dimension ist die Aufgabenstruktur. Ist die Aufgabe strukturiert, sollte es für den Führer viel leichter sein festzustellen, ob sie richtig ausgeführt wird oder nicht. Seine Situation ist weniger günstig, wenn die Aufgabe eher diffus ist. Die dritte von Fiedler angenommene Dimension bezeichnet das Ausmaß an Macht, das zu der Position des Führers gehört. Manche Führer verfügen über umfangreiche Sanktions- und Belohnungsmöglichkeiten für ihre Anhänger, andere dagegen nicht. Wieder wird davon ausgegangen, daß sich der Führer mit den größeren Machtbefugnissen in einer günstigeren Situation befindet.

Diese drei von Fiedler beschriebenen Dimensionen der Führungssituationen klingen zweifellos ganz wichtig für den Versuch, die Fähigkeit des Führers zur Beeinflussung seiner Anhänger zu bestimmen. Dabei ist jedoch auch wichtig zu beachten, daß Fiedlers Auswahl dieser drei Dimensionen im wesentlichen willkürlich ist. In dem Buch von 1967 wird keine theoretische Begründung für die Wahl geliefert. Tatsächlich tendierte Fiedler in späteren Schriften dazu, weitere Dimensionen anzuführen, die ebenfalls wichtig sein sollten. Weiter hinten in seinem Buch führt Fiedler, während er einen wichtigen, mit Versuchspersonen der belgischen Kriegsmarine durchgeführten Test seines Modells erörtert, die Dimensionen der Gruppenheterogenität in seine Analyse ein. In Fiedler u. a. (1969) wird von einer Untersuchung über die Effektivität von Teams der öffentlichen Gesundheitspflege in Honduras berichtet. Hierbei wurde ein Maß zur Bestimmung von Streß auch für die Einschätzung verwendet, wie günstig oder ungünstig die Situation war. In seiner jüngsten Äußerung (1971 a) besteht Fiedler auf der Brauchbarkeit der drei postulierten Dimensionen und meint, daß im Falle der Studie von 1969 die Wirkung des Streß darin bestand, daß die Aufgabe unstrukturierter wurde.

Die Frage, ob es empirische Beweise für Fiedlers Kontingenzmodell gibt, ist kontrovers. Graen u. a. (1970) behaupten, obgleich das Modell auf der Grundlage von Fiedlers erneuter Analyse seiner früheren Untersuchung plausibel erschiene, sei es neueren Untersuchungen nicht gelungen, die Voraussagen des Modells zu erhärten. Das leugnet Fiedler (1971 a). Wie so oft im Falle von Kontroversen in den Verhaltenswissenschaften geht es darum, wie erfolgreich Forscher bei der Übersetzung ihrer theoretischen Modelle in valide empirische Tests gewesen sind. Ein paar Beispiele sollen das verdeutlichen.

Shaw und Blum (1966) untersuchten die Aufgabenstrukturdimension des Modells in einem Laborexperiment. Gruppen arbeiteten an drei verschiedenen Aufgaben in wechselnder Reihenfolge. Der Führer jeder Gruppe war angewiesen, entweder in einer stark kontrollierenden oder in einer freizügigeren Weise zu führen. Es stellte sich heraus, daß die Gruppen mit kontrollierenden Führern am besten bei den am stärksten strukturierten Aufgaben abschnitten, am schlechtesten dagegen bei den beiden anderen, weniger strukturierten Aufgaben. In einem allgemeinen Sinn bestätigt dieses Ergebnis Fiedlers Modell, obgleich die Forscher erwartet hatten, daß bei der am wenigsten strukturierten Aufgabe die Situation so ungünstig wäre, daß kontrollierende Führer am erfolgreichsten sein würden. Shaw und Blum beseitigen den Widerspruch zwischen ihrem Ergebnis und ihrer Erwartung mit dem Argument, es wäre falsch gewesen anzunehmen, daß man eine ungünstige Situation im Labor einfach durch die Manipulation einer der drei Dimensionen erzeugen könne.

Graen u. a. (1971) versuchten, alle drei Dimensionen von Fiedler innerhalb eines einzigen Experiments zu beeinflussen. Die Ergebnisse wiesen unter den verschiedenen Bedingungen nur geringe Unterschiede im Führerverhalten auf. Fiedler (1971 b) erwiderte darauf, daß es den Graen-Experimenten nicht gelungen sei, wesentliche Unterschiede zwischen den verschiedenen, im Labor inszenierten Situationen zu schaffen. Somit sei die Studie kein gültiger Test seiner Theorie. Die Daten scheinen in diesem Punkt eher Fiedler als Graen Recht zu geben.

Fiedlers eigener Versuch, seine Theorie experimentell zu testen, hat weniger Nachdruck darauf gelegt, die Leute verschiedene Rollen spielen zu lassen als darauf, Gruppen entsprechend den erforderlichen Dimensionen zusammenzustellen. In seiner Untersuchung über die belgische Kriegsmarine zum Beispiel variierte er die Amtsbefugnisse, indem er in einigen Gruppen tatsächliche Offiziere als Führer einsetzte, in den übrigen Gruppen dagegen Rekruten. Solche Verfahren werden wahrscheinlich eher zu gültigen Tests führen.

Fiedlers Modell sorgt dafür, daß eine dringend erforderliche gedankliche Konzentration auf situationsbedingte Determinanten der Effektivität von Führung erfolgt. Die Tests, die sich bis heute davon ableiten, zwingen uns noch nicht, es zu verwerfen. Andererseits ist die Formulierung des Modells so willkürlich, daß sich zumindest einige Aspekte davon mit großer Wahrscheinlichkeit zu gegebener Zeit als falsch erweisen werden. Dennoch ist es ein wertvolles Modell, weil es — anders als frühere, vagere Theorien — die Suche nach Verbesserungen stimuliert hat.

In einer Hinsicht weist Fiedlers Modell mit Sicherheit einen Mangel auf. Seine Messung des Führungsstils basiert auf einem Fragebogen, in dem der Führer gebeten wird, jemanden anzugeben, »mit dem Sie am besten zusammenarbeiten können« und jemanden, »mit dem Sie am schlechtesten zusammenarbeiten können«. Wenn der Befragte beide Personen relativ ähnlich beschreibt, wird er als beziehungsorientiert kategorisiert; wenn er dagegen einen großen Unterschied zwischen ihnen macht, wird er als kontrollierend und direktiv eingestuft, und zwar deshalb, weil ein Führer, der einen großen Unterschied zwischen den beiden von ihm beschriebenen Personen sieht, zwangsläufig den, mit dem er schlechter arbeiten kann, eher als negativ empfindet, als ein Führer, der nur geringe Unterschiede sieht. Daher neigt er gegenüber dem schlechten Arbeiter eher zu Bestrafung und Intoleranz. Die Schwäche dieser Meßweise liegt in der Implikation, daß ein gegebener Führer einen feststehenden, unveränderlichen Führungsstil hat, den er in allen Situationen anwendet. Es spricht jedoch vieles dafür, daß Führer dazu neigen, ihr Verhalten der jeweiligen Situation anzupassen. Darüberhinaus hat sich herausgestellt, daß Fiedlers Messungen des Führungsstils nur wenig mit anderen, auf der Auswertung von Fragebögen beruhenden Messungen des Führungsstils korrelieren, selbst wenn theoretisch begründete Annahmen solche Korrelationen erwarten lassen. Das kann natürlich mit ebenso großer Wahrscheinlichkeit auf Schwächen in den anderen Fragebögen zurückzuführen sein wie auf Fiedlers Messung.

Fiedler (1972) hat überlegt, wie diejenigen, die nach seinen Messungen hohe und niedrige Ergebnisse erzielt hatten, ihr Verhalten unter verschiedenen Umständen variieren könnten. Er nimmt an, daß diejenigen, die seiner Messung zufolge kontrollierend und direktiv erscheinen, in günstigen Situationen tatsächlich beziehungsorientiert werden können. Umgekehrt können diejenigen, die beziehungsorientiert zu sein scheinen, in für sie sehr günstigen Situationen kontrollierend und direktiv werden. Zu diesen scheinbar überraschenden Vermutungen kommt Fiedler, indem er sich Gedanken über die Art seines Fragebogens macht. Der größte Teil seiner Messungen ergab sich aus der Bitte an die Versuchsperson, jemanden zu nennen, mit dem sie »am schlechtesten zusammenarbeiten« kann, d. h. aus einer ungünstigen Situation. Das könnte erklären, warum sich diese Meßweise nicht gut zu anderen Arten von Fragebögen in Beziehung setzen läßt. Fiedler erwartet von dem Verhalten des Führers in ungünstigen Situationen, daß es Ausdruck seiner wichtigsten Bedürfnisse ist, während er annimmt, daß sich Führer unter günstigeren Umständen auch ihren zweitrangigen Bedürfnissen widmen können. Auf diese Weise steht die Situation mit den Bedürfnissen verschiedener Führertypen in Wechselbeziehung. Fiedler führt einige Beweise zur Erhärtung dieser Ansichten an.

Fiedlers Überlegung zu diesem Punkt hat etwas mit den Gedanken gemeinsam, mit denen wir uns weiter oben in diesem Kapitel beschäftigt haben. Dort wurde ausgeführt, daß Führer der Notwendigkeit ausgesetzt sind, die Ausübung von Kontrolle zugunsten ihrer Vorgesetzten im Gleichgewicht zu halten und mit den sozialen Vergleichsprozessen ihrer Untergebenen in Fühlung zu bleiben. In dem Maße wie ein Führer das Gewicht auf einen dieser Prozesse legt, erzeugt er für sich selbst in dem anderen Bereich Probleme. Fiedlers neuer Ansicht zufolge wird es Führern in vorteilhaften Situationen eher gelingen, die beiden Prozesse im Gleichgewicht zu halten. Unter ungünstigen Umständen ist das weniger leicht möglich, und das Verhalten des Führers schlägt zur einen oder zur anderen Seite aus, zum Nutzen oder zum Nachteil der Effektivität seiner Gruppe.

Unsere Diskussion geht dem bisher erarbeiteten Forschungsmaterial ein beträchtliches Stück voraus. Es ist klar, daß bessere Meßmethoden erforderlich sind, um diese Gedanken zufriedenstellender überprüfen zu können. Derartige Messungen müssen untersuchen, wie Führer sich in bestimmten Arten von Situationen tatsächlich verhalten. Ebenso müssen sie viel mehr die Aufgabenkompetenz des Führers berücksichtigen. Wir haben weiter oben Studien von Hollander und Julian untersucht, die die Bedeutung dieser Variablen unterstrichen, aber weder Fiedlers noch Likerts Modell tragen dem in besonderer Weise Rechnung. Schließlich bedarf es einer klareren Betrachtungsweise der Art und Weise, wie die äußeren Bedingungen von Gruppen und Organisationen sich verändern.

Ein Prozeß der Kontrolle liegt dann vor, wenn eine andere Person (A) eine Person (P) zu beeinflussen versucht. In erdachten Situationen, in denen P den Beeinflussungsbestrebungen von A — unter Ausschaltung jeglichen Einflusses von seiten Dritter — ausgesetzt ist (wie in Milgrams Experiment), kann A in erstaunlichem Umfang Macht über P gewinnen.
Die Fähigkeit, Kontrolle über andere auszuüben, ist nur in einem ganz geringen Maße das Ergebnis einer besonderen Persönlichkeitsstruktur. Sie wird viel stärker von einer Anzahl situationsabhängiger Faktoren bedingt, wie zum Beispiel davon, ob A Fertigkeiten besitzt, die für die besondere Situation von Belang sind, ob ihm das legitime »Recht« verliehen wurde, P zu beeinflussen oder nicht und ob sein eigenes Verhalten mit P's Präferenzen in Einklang steht.
Das Verhalten des Führers hängt davon ab, welche Voraussetzung für die Beeinflussung am stärksten ist. Während der eine Führer vielleicht die Legitimität seines Rechtes, andere zu kontrollieren, herausstreicht, äußert ein anderer diesen Aspekt vielleicht weniger nachdrücklich und betont seine Identifizierung mit den Interessen seiner Untergebenen. Dadurch sucht er die Prozesse des sozialen Vergleichs und der Kontrolle zu verbinden.
Likerts Bindegliedtheorie behauptet, daß solche partizipativen Führer durchweg mehr Erfolg haben. Es deutet alles darauf hin, daß das in einigen Situationen vielleicht der Fall ist. Fiedlers Theorie versucht diese Bedingungen zu spezifizieren. Bis zum heutigen Tage war die Theorie eher provokativ als schlüssig, aber Erhebungen haben in gewissem Maße die Annahme gestützt, daß ein Führer, der den Kontrollprozeß betont, entweder in Situationen, die sehr günstig, oder in Situationen, die sehr ungünstig für ihn sind, am erfolgreichsten sein wird. In den dazwischenliegenden Situationen werden die eher beziehungsorientierten Führer mehr Erfolg haben. Der Weiterentwicklung dieses Gebietes wurden durch das Versäumnis Grenzen gesetzt, adäquat konzipierte Meßmethoden zu entwickeln.

4
Umweltbedingte Beschränkungen des Verhaltens

Bis hierher hat der Schwerpunkt eines großen Teils dieses Buches auf dem interpersonalen Bereich gelegen: P (Person) vergleicht sich mit A (andere Person) oder A kontrolliert P. Interpersonale Prozesse in einer derartig losgelösten Weise zu analysieren, hinterläßt eine seltsame Wirkung. Man berücksichtigt, in *welcher* Beziehung P zu A steht, aber nicht, in welchem Zusammenhang die Beziehung auftritt.

Jede Gruppe oder Organisation kann als ein Gebilde aufgefaßt werden, das nach Gleichgewicht mit seiner Umwelt strebt. In weitem Sinne könnte Umwelt dadurch definiert werden, daß sie andere Gruppen oder Organisationen umfaßt, zu denen Beziehungen aufrechterhalten werden; dieses Thema ist aber Kapitel 5 vorbehalten. In diesem Kapitel ist unter Umwelt die physikalische Umwelt zu verstehen, die jede soziale Struktur umgibt. Große Organisationen haben die Tendenz, einige ihrer Absichten hinsichtlich ihrer Beziehung zur Umwelt auszusprechen (»Gewinn zu erzielen«, »zu überleben oder zu wachsen«, »der Allgemeinheit einen Dienst zu erweisen« usw.), wogegen bei kleinen Gruppen die Absichten weniger explizit sein mögen. In beiden Fällen kann der Prozeß — wie in Abbildung 6 dargestellt — als zyklisch aufgefaßt werden. Die Umgebung setzt der entstehenden Gruppe oder Organisation Grenzen und Beschränkungen. Gruppen und Organisationen modifizieren ihrerseits ihre eigenen Umweltbedingungen.

Dieser Prozeß wurde von Homans (1950) in seiner Analyse des Bank-Wiring-Room gut erläutert. In dem Raum bildeten sich zwei getrennte Cliquen infolge der relativ unveränderlichen Sitzordnung der Arbeiter. Die Clique im vorderen Teil des Raumes verdrahtete geringfügig größere Telefonschaltungen als die Clique im hinteren Teil des Raumes. Die Produktivität der Clique im vorderen Raum betrug 6600 Verbindungen pro Tag. Das war zufällig genau die Anzahl an Verbindungen, die für diesen Aggregattyp, an dem sie arbeiteten, erforderlich war. Die Arbeiter in der hinteren Clique waren mit Aggregaten beschäftigt, die 6000 Verbindungen erforderten. Sie hielten die Norm von 6600 weniger genau ein und produzierten näher an 6000 pro Tag. Die große Nähe der Männer ermöglichte eine schnelle Entdeckung von Überschreitungen der festgelegten Norm und bot vielfältige Gelegenheiten, denen, die sich einer Überschreitung schuldig machten, Sanktionen zu erteilen. Die Aufteilung des Raumes erleichterte somit die Entstehung restriktiver Produktivitätsnormen. Die restriktiven Normen ihrerseits wirkten auf die Umgebung zum Beispiel dadurch, daß sie den Materialfluß in den Raum reduzierten oder — allgemeiner formuliert — dadurch, daß sie das Produktivitätsniveau der Organisation senkten.

Abb. 6 *Die zyklische Wechselwirkung zwischen Personen, Organisationen und ihren Umweltbedingungen*

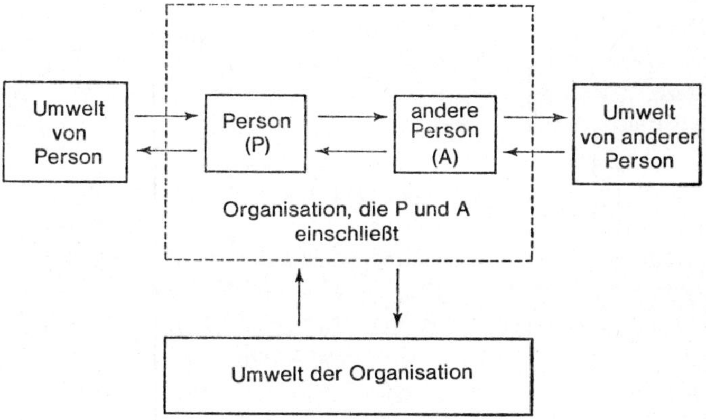

Die Pfeile deuten Beeinflussungsprozesse an

In Kapitel 2 dieses Buches wurde von Luptons (1963) Untersuchung berichtet, die ergab, daß die Umgebung deutliche Unterschiede aufwies, wenn derartige Normen nicht wirksam waren. Sowohl bei der Hawthorne-Analyse von Homans als auch bei der Lupton-Studie handelt es sich um deskriptive Fallstudien. Es muß auch daran erinnert werden, daß ein beträchtlicher Teil von Likerts Arbeit mit der Begründung kritisiert wurde, daß experimentelles Arbeiten notwendig ist, wenn man folgern will, was wodurch verursacht wird. Beim Überprüfen der berichteten Korrelationen zwischen Umwelt und sozialer Struktur müssen wir erneut diese Notwendigkeit beachten.

Studien über Kommunikationsnetze

In einer Reihe von experimentellen Studien wurde die Wirkung untersucht, die die Umwelt auf das Verhalten hat. Darunter befinden sich die zuerst von Bavelas (1948) durchgeführten »Kommunikationsnetz«-Studien. In diesen Studien beschäftigt sich eine Gruppe von vier oder fünf

Personen mit Problemlösungsaufgaben. Ihren Kommunikationsformen werden verschiedene Beschränkungen auferlegt; dann wird die sich daraus ergebende Leistung untersucht. Bezeichnenderweise (Leavitt, 1951) erhält jede Person eine Liste mit Symbolen (z. B. Stern, Kreis, Wellenlinie usw.). Jede Liste ist verschieden, aber alle Listen enthalten ein gemeinsames Symbol. Die Aufgabe besteht darin, so schnell wie möglich herauszufinden, welches das gemeinsame Symbol ist. Den Versuchspersonen dieser Experimente ist es nur gestattet, anhand schriftlicher Notizen miteinander zu kommunizieren. Ferner kann nicht jeder immer mit jedem kommunizieren. Die Kommunikationsnetzstudien sind offenbar ziemlich künstlich. Bevor man sie jedoch als Datenquelle aufgibt, ist es erforderlich, darüber nachzudenken, mit welchen Situationen sie Ähnlichkeit besitzen und mit welchen nicht. Es ist offensichtlich, daß sie nicht der Kleingruppe ähneln, in der direkte (face-to-face) Kommunikation besteht und jeder jeden hören kann. Vielmehr gleichen sie eher Situationen, die sich in großen Organisationen ergeben. Personen aus verschiedenen Teilen der Organisation stehen nur indirekt miteinander in Verbindung oder wenn direkt, dann oft nur über relativ unpersönliche Medien wie z. B. Telefon und Hausnotizen, die nicht zwangsläufig anderen mitgeteilt werden. Mitglieder von Organisationen *können* miteinander auf persönlichere und direktere Art kommunizieren, haben dazu aber oft nicht genug Zeit.

Die von Leavitt (1951) untersuchten Kommunikationsnetze sind in Abbildung 7 dargestellt. Leavitt fand heraus, daß in dem eher zentralisierten System, das er als »Rad« bezeichnete, das Problem schneller gelöst wurde, weniger Fehler gemacht wurden und weniger Botschaften erforderlich waren. Der Mann in der Mitte fühlte sich wohler als die anderen. Die Arbeitsweise im dezentralisierten System, auch Kreis genannt, war langsamer, sprunghafter aber erfreulicher. Mitglieder der Radgruppen

Abb. 7 *Kommunikationsnetztypen*

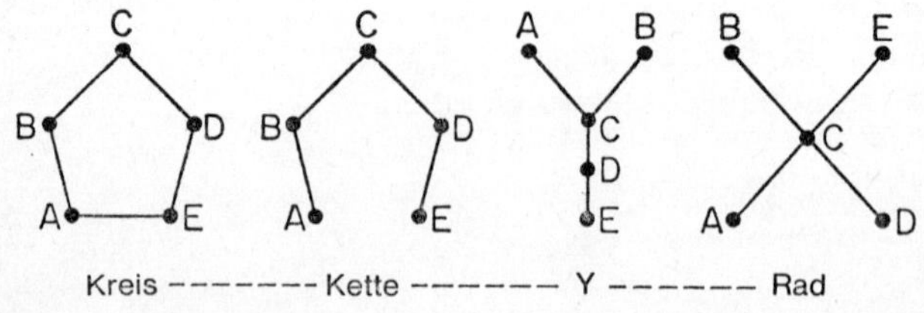

Aus H. J. Leavitt, »Some Effects of Certain Communication Patterns on Group Performance«. *Journal of Abnormal and Social Psychology*, 46, 1951, S. 38—50. Copyright 1951 American Psychological Association. Mit Erlaubnis abgedruckt.

empfanden die Person in der Mitte als Führer. Dieses Experiment macht deutlich, in welcher Weise der Versuchsleiter durch seine Kontrolle der Variable »Umwelt« die entstehende soziale Struktur beeinflußt. Um zu erfahren, wie weit diese Ergebnisse verallgemeinert werden können, müssen wir weitere Untersuchungen prüfen, die sich der verschiedensten Kommunikationsnetze und Aufgaben bedienen. Shaw (1964) gibt einen Überblick über die Ergebnisse solcher Studien. Er weist darauf hin, daß einfache Aufgaben in zentralisierten Systemen wie dem Rad durchweg äußerst effizient ausgeführt worden sind. Andererseits stellte sich heraus, daß komplexe Aufgaben in weniger stark zentralisierten Systemen wie dem Kreis oder in einem System, in dem jeder mit jedem kommunizieren kann, effektiver gehandhabt wurden. Die Entdeckung, daß durch eine Veränderung der Aufgabe die Eigenschaften des Kommunikationsnetzes verändert werden können, läßt diese Experimente viel interessanter erscheinen. Im vorigen Kapitel wurde darauf hingewiesen (zum Beispiel in der Untersuchung von Shaw und Blum), daß unterschiedliche Aufgaben unterschiedliche Führungsstile verlangten. Hier haben wir in einer konstruierteren, aber stärker kontrollierten Situation ein ähnliches Ergebnis. Wenn Experimente, die ganz verschiedene Methoden anwenden, zu ähnlichen Schlußfolgerungen führen, wird die Gültigkeit der Ergebnisse erheblich erhöht.
Vielleicht ist die Generalisierbarkeit dieser Kommunikationsnetzergebnisse sehr gering. Zum Beispiel zeigt Snadowsky (1972), daß die von Shaw ermittelten Unterschiede an Bedeutung verlieren, wenn den Teilnehmern des Kommunikationsnetzes eine Frist eingeräumt wird, sich selbst zu organisieren, bevor sie mit der Problemlösung anfangen. Wenn wir also diese Ergebnisse betrachten, müssen wir uns ständig vergegenwärtigen, daß sie Folge bestimmter Beschränkungen der Kommunikation sind, die den in Alltagsorganisationen anzutreffenden Beschränkungen in sehr geringem Maße entsprechen.
Shaw versucht eine theoretische Erklärung für die unterschiedlichen Eigenschaften verschiedener Kommunikationsnetze zu entwickeln. Er nimmt an, daß die Hauptdeterminanten folgende sind: der Grad an »Unabhängigkeit«, den das System zuläßt, und der Umfang, in dem das System »gesättigt« ist. Wir werden diese Begriffe nacheinander untersuchen. Die Unabhängigkeit eines Systemmitgliedes besteht darin, in welchem Umfang es Probleme zu lösen vermag, ohne von den Handlungen anderer abhängig zu sein. Deshalb sind alle Systemmitglieder wenigstens teilweise von anderen abhängig. Im Falle des Radsystems ist das Mitglied im Mittelpunkt viel unabhängiger als die anderen; bei einem Kreis dagegen sind alle Mitglieder in gleicher Weise geringfügig abhängig. Shaw

schließt sich Leavitts Aussage an, daß Unabhängigkeit einem Systemmitglied in unserer Kultur die Möglichkeit gibt, seine Bedürfnisse nach Autonomie, Anerkennung und Leistung zu befriedigen. Abhängigkeit andererseits wird die Befriedigung dieser Bedürfnisse verhindern. Ein frustriertes Systemmitglied wird wohl kaum Lust haben, seine Information mit anderen zu teilen; daraus folgt also, daß starke Abhängigkeit nicht nur Einfluß auf die Zufriedenheit, sondern auch auf die Arbeitsweise haben wird.

Shaw schlägt den Begriff der Sättigung vor, um dem Ergebnis Rechnung zu tragen, daß der Kreis für komplexe Aufgaben am besten geeignet ist. Bei den komplexen Problemen handelt es sich um Aufgaben wie Sätzebilden und arithmetische Aufgaben lösen. Sie waren in dem Sinne komplex, als sie mehr als nur ein bloßes Zusammenstellen von Informationen verlangten.

Sättigung tritt ein, wenn eine Aufgabe größere Anforderungen an ein Systemmitglied stellt, als es erfüllen kann. Gesättigte Systeme sind deshalb ineffektiv. Shaw bemerkt, daß das zentrale Mitglied bei komplexen Aufgaben von einlaufenden Nachrichten und der erforderlichen Datenlenkung so überlastet wird, daß es bei der Lösung des Problems sehr langsam ist.

Die zu mehreren Dutzend veröffentlichten wissenschaftlichen Untersuchungen, die die Kommunikationsnetzmethode anwenden, passen ziemlich gut in den vorgeschlagenen Rahmen. Shaws Analyse der Experimente ist jedoch eine *post hoc*-Analyse, so daß es weiterer Experimente bedarf, die überzeugendere Tests liefern.

Wir wollen nun die Implikationen des Shaw-Modells für Situationen untersuchen, in denen die Interaktion länger andauert und sich nicht so sehr auf eine einzige Aufgabe konzentriert. Dem Modell zufolge kann die Umwelt das Verhalten einer Gruppe oder einer Organisation auf zweierlei Weise einschränken oder begrenzen. Erstens kann die Aufgabe den Mitgliedern eine dermaßen starke Abhängigkeit auferlegen, daß ihre individualistischen Motivationen nicht befriedigt werden. Das mag sie dazu veranlassen, die Situation zu meiden oder die Aufgabe wesentlich unter dem Niveau ihrer Fähigkeiten zu erfüllen. Zweitens kann die Aufgabe Anforderungen an die Mitglieder stellen, denen sie nicht gewachsen sind. Das wird sie beträchtlichem Streß aussetzen und mag auch dazu führen, daß sie sich der Situation entziehen. Sie mögen individuell ein hohes Leistungsniveau erreichen, die Leistung der Gruppe oder Organisation aber wird wesentlich unterhalb des Systempotentials insgesamt liegen. Zwischen diesen beiden Extremen liegt ein Situationsbereich, in dem es ein Gleichgewicht gibt zwischen den Anforderungen der Auf-

gabe, den Bedürfnissen des Individuums und den Fähigkeiten der Individuen.
Unabhängigkeit und Sättigung wurden von den Versuchsleitern der Kommunikationsnetzstudien dadurch variiert, daß sie Kommunikation zwischen jedem der verschiedenen potentiellen Paare des Systems erlaubten oder verhinderten. Das Bereitstellen oder Verhindern von Kommunikationsverbindungen stellt eine der wirksamsten Möglichkeiten der Umwelt dar, soziale Interaktion einzuschränken. Das läßt sich bei Feldstudien über Kleingruppen und noch mehr bei Organisationsanalysen feststellen. In großen Organisationen ist die Bereitstellung oder das Verhindern von Kommunikationsverbindungen ein grundlegender Aspekt der Kontrolle, die das höhere Management ausübt.

Ökologie der Kleingruppen

Eine Kleingruppe kann man sich als offenes Kommunikationsnetz vorstellen, in dem jeder gleichzeitig mit jedem kommunizieren kann. Eine derartige Auffassung mag innerhalb eines experimentellen Rahmens einigermaßen gültig sein, übersieht aber die Bedeutung der Zeitdimension. Selbst so langfristige Gruppen wie Familien stehen nicht in ständiger Kommunikation miteinander. Einige der Mitglieder dieser Gruppe sehen sich öfter als die anderen. Die Häufigkeit dieser Interaktionen hängt oft von umweltbedingten Beschränkungen ab.
Festinger, Schachter und Back (1950) berichten von einer Studie über Freundschaftsverhalten unter Graduierten am Massachusetts Institute of Technology. Sie stellten fest, daß die Wahrscheinlichkeit, sich mit jemandem zu befreunden, eine arithmetische Funktion der Nähe war. Studenten in unzugänglicheren Räumen hatten weniger Freunde, während Studenten in zugänglichen Räumen mehr Freunde hatten, die meistens in der Nähe wohnten. Dieser Effekt tritt wahrscheinlich deshalb auf, weil, je näher man bei jemandem lebt, die Wahrscheinlichkeit um so größer ist, daß man sich zufällig trifft, und folglich, daß man anfängt zu kommunizieren. Wenn die Kommunikation erst einmal entstanden ist, werden sich Prozesse des sozialen Vergleichs und der Kontrolle einstellen; zuerst aber muß die Kommunikationsverbindung hergestellt sein. In Kapitel 2 wurde gezeigt, daß in vielen Situationen Menschen soziale Vergleiche mit Personen eingehen, die ihnen ähnlich sind. Von der M.I.T.-Graduiertenpopulation kann man annehmen, daß sie sehr homogen ist, was Variablen wie Alter, Intelligenz und soziale Schicht betrifft. Unter diesen Bedingungen läßt sich feststellen, daß Freundschaft überwiegend

von der Nähe bestimmt wird. Man sollte jedoch nicht unterstellen, daß das immer der Fall sein wird. Bei heterogener Population könnte die anfängliche Kommunikation Enttäuschung hervorrufen, wenn jeder Partner feststellt, wie verschieden er vom anderen ist. Unter diesen Bedingungen wäre Nähe überhaupt kein Garant für Freundschaft. Das wurde oft für große Städte festgestellt, wo Freundschaften nicht aus der Wohnnähe entstehen, sondern infolge von Gelegenheiten, bei denen Menschen andere treffen, die ihnen ähnlicher sind.

Eine Auswirkung der Umwelt kann also darin bestehen, daß bestimmte Kommunikationsformen verhindert werden. Wenn sie Kommunikation zuläßt, führt das noch nicht dazu, daß solche Formen auch entstehen; lediglich die verhinderten Formen werden eindeutig ausgeschlossen. Die von der Umwelt der Kleingruppeninteraktion auferlegten Beschränkungen können beträchtlich sein, selbst wenn alle im selben Raum untergebracht sind.

Sommer (1967) hat einige dieser Beschränkungen erforscht. Er fand heraus, daß unterschiedliche Sitzanordnungen in Gruppen mit einer unterschiedlichen Gruppenatmosphäre assoziiert werden. Stellte man Kindern eine Konkurrenzaufgabe, so entschieden sie sich, an einem Tisch im rechten Winkel zueinander zu sitzen. Wenn man ihnen eine kooperative Aufgabe gab, saßen sie Seite an Seite. In Untersuchungen mit Studenten wurden verschiedene Gruppen der gleichen Klasse für Räume mit ganz unterschiedlicher räumlicher Anordnung eingeteilt. Es stellte sich heraus, daß sich Studenten dann stärker an den Diskussionen beteiligten, wenn die Stühle kreisförmig angeordnet waren. Die geringste Beteiligung wurde mit parallelen Sitzreihen in einem Chemielabor erzielt. Unter diesen Bedingungen wurde der größte Teil des Gesprächs von den vorne Sitzenden bestritten. Wer wo saß, wurde bei diesen natürlichen Untersuchungen keiner Kontrolle unterworfen; wir können also nicht sicher sein, daß der Effekt eher der Sitzposition zuzuschreiben war, als der Wahl bestimmter Plätze durch diejenigen, die gerne redeten.

Steinzor (1950) zeigte, daß Teilnehmer an experimentellen Gruppendiskussionen dazu neigten, in Reaktion auf die ihnen gegenüber Sitzenden zu sprechen. Hearn (1957) wies nach, daß dieser Trend sich umkehrte, wenn eine Autoritätsperson anwesend war; die Personen neigten dann mehr dazu, mit ihren Nachbarn zu sprechen.

Sommer (1969) hat auf die enorm praktischen Implikationen solcher Studien hingewiesen. Obgleich bis zum heutigen Tage nur vereinzelte und unvollständige Ergebnisse vorliegen, besteht kein Zweifel, daß Entscheidungen, die herkömmlicherweise von Architekten und Innenarchitekten getroffen werden, in der Tat eine wesentliche Wirkung auf die

Entstehung sozialer Strukturen ausüben. Wenn die Sitzgelegenheiten in einem Altersheim so angeordnet werden, daß sich die Bewohner nicht miteinander unterhalten können oder der Lärmpegel in einer Fabrik anhaltendes Gespräch unmöglich macht, so wird die entstehende soziale Struktur von diesen Beschränkungen stark beeinflußt.

Der Grund, warum bestimmte Sitzanordnungen in einer Gruppe die Kommunikation eher erleichtern als andere, scheint darin zu liegen, daß man des visuellen und verbalen Feedbacks derjenigen bedarf, mit denen man interagiert. Bei freier Wahl werden sich Teilnehmer einer Grupe mit ernanntem Führer in einiger Entfernung von diesem plazieren, aber so, daß sie ihn und er sie sehen kann. Während des Unterrichts, den Sommer in Chemielabors hielt, beteiligten sich solche Studenten, die am leichtesten Blickkontakt mit dem Führer aufnehmen konnten. Die kreisförmige, oft von mehr informellen Gruppen bevorzugte Anordnung maximiert die Möglichkeit des Blickkontaktes zwischen allen Gruppenmitgliedern. Auch die Anordnung der Sitzgelegenheiten in Büros erleichtert oder erschwert es häufig, Blickkontakt aufzunehmen.

Sayles (1958) führte eine vergleichende Erhebung über den Charakter von Arbeitsgruppen in einer Anzahl verschiedener Industriebereiche durch. Er kategorisierte Gruppen entweder als »teilnahmslos«, »eigenwillig«, »konservativ« oder »strategisch«. Sayles Arbeit weist Wechselbeziehungen auf, so daß wir wiederum nicht mit Sicherheit sagen können, was wodurch verursacht wird; es ist aber interessant festzustellen, daß die äußeren Umstände immer mit der Form der sozialen Struktur verknüpft waren. Sayles weist darauf hin, daß es sich bei seinen vier Typen um »Idealtypen« handelt; mit anderen Worten: Sie sind Abstraktionen von Trends, die der Forscher in einigen unterschiedlichen Gruppen im Feld wahrnimmt. Eine Gruppe, die genau in die Definition einer dieser Typen paßt und keinem der Kriterien für die anderen Typen genügt, gibt es vielleicht gar nicht.

Teilnahmslose Gruppen entstanden nach Sayles überwiegend im Rahmen relativ unqualifizierter, niedrig bezahlter Arbeiten. Oft war die Arbeit gefährlich und unangenehm. Für verschiedene Arbeiter konnte Kooperation zwar erforderlich sein, um die Arbeit ausführen zu können; aber selbst in diesem Falle waren ihre Aufgaben eher komplementär als einander ähnlich. Teilnahmslose Gruppen schienen unzufrieden zu sein, äußerten aber ihre Unzufriedenheit relativ selten. Es herrschte ständige Uneinigkeit und Spannung, und es gab keine eindeutig akzeptierten Führer unter den Männern.

Eigenwillige Gruppen wurden dort festgestellt, wo jeder identische oder fast identische Aufgaben zu erledigen hatte. Auch die Arbeiter in eigen-

willigen Gruppen waren auf Zusammenarbeit angewiesen, sie hatten aber viel mehr Kontrolle über Art und Häufigkeit der Zusammenarbeit. Das Arbeitstempo in den teilnahmslosen Gruppen wurde häufig von Maschinen bestimmt. Eigenwillige Gruppen neigten zu stark zentralisierter Führung; sie waren leicht anzuspornen, aber nicht immer. Manchmal bestand ein unversöhnlicher Gegensatz zwischen dem Führer und dem Management, zu anderen Zeiten aber erzielten sie Verbesserungen, die das Management selbst nie erreicht hätte.
Strategische Gruppen übten ziemlich hoch bewertete Arbeiten aus. Zu den für die Arbeiten erforderlichen Fähigkeiten gehörte auch die Beurteilung durch den Arbeiter, was eine Zeitstudie erschwerte. Die Tätigkeiten waren auch relativ wichtig für das Funktionieren der Fabrik als ganzer. Die Männer, die sie ausübten, hatten oft keine Aussicht, infolge von Beförderung begehrtere Tätigkeiten zu übernehmen. Diese Gruppen zeichnete ein konsequentes und wohldurchdachtes Beschwerdesystem aus. Sie besaßen großen Zusammenhalt, waren sehr produktiv und ständig damit beschäftigt, Gewerkschaftsaktivitäten zu unterstützen.
Sayles letzte Kategorie umfaßte die konservativen Gruppen. Diese übten die am höchsten bewerteten und am höchsten bezahlten Fabrikarbeiten aus. Ihre Tätigkeit war oft individueller Art, und die Arbeiter waren räumlich oft weit verstreut. Sie zeigten die Tendenz, mit der Situation, wie sie war, zufrieden zu sein, und beseitigten ihre Differenzen mit dem Management mühelos und ohne Anwendung von Drohungen.
Die von Sayles festgestellten Unterschiede zwischen verschiedenen Fabrikarbeitergruppen können als deutlich und komplex bezeichnet werden. Wir haben bereits erörtert, in welcher Weise das frühe Bild der industriellen Fertigungsstätte, das von den Hawthorne-Studien gezeichnet wurde, modifiziert werden muß. Genau wie Lupton (1963) untersucht Sayles verschiedene mögliche Erklärungen der großen Unterschiede im Verhalten der verschiedenen Gruppen. Den einleuchtendsten Grund für Verhaltensunterschiede liefert die Tatsache, daß einige Gruppen viel höher bezahlt wurden als andere. Sayles nimmt an, daß dies und eine Anzahl weiterer Vergleichsmomente zwischen verschiedenen Arbeitsgruppen das Ausmaß der von den Gruppenmitgliedern erfahrenen Unzufriedenheit bestimmt. Andererseits wird die Art und Weise, in der diese Klagen geäußert oder nicht geäußert werden, eine Funktion der Beziehung der Männer untereinander und der Art der ausgeübten Tätigkeit sein.

Im Sinne der Begriffe, die wir bisher in diesem Buch verwandt haben, werden die verschiedenen Arbeitsbedingungen Gruppenbildung entweder begünstigen oder verhindern. Das wiederum wird die Prozesse des sozialen Vergleichs und der Kontrolle erleichtern oder erschweren. Wenn Interaktion zwischen Individuen nur mühsam entsteht, wird die Gruppenbildung behindert. Das scheint auf teilnahmslose und konservative Gruppen zuzutreffen. Diese entstehen unter äußeren Bedingungen, in denen die Arbeiter entweder weit verstreut sind oder die Interaktion dadurch erschwert wird, daß sie sich auf die zwingende Anforderung der Maschine konzentrieren müssen, die ihre Arbeitsgeschwindigkeit bestimmt oder sie gar zu verletzen droht. Kommt es zur Interaktion, kann sozialer Vergleich einsetzen. Wir haben weiter oben erörtert, wie eine Person sich unter den meisten Bedingungen eine Vergleichsperson aussucht, die ihr gleicht. Das Ergebnis kann daher nicht überraschen, daß Gruppen mit eigenwilligem Charakter höchst gleichartige Arbeiten verrichten und höchst gleichartige wirtschaftliche Interessen haben. Bedingungen dieser Art erleichtern die Entwicklung einer fest vertretenen Meinung bezüglich der Gleichheit oder Ungleichheit einer bestimmten Situation. Ebenso erleichtern sie die Entstehung eines Konsensus darüber, welcher Führungsstil am angebrachtesten ist.

Der Arbeiter in einer strategischen Gruppe hat am meisten zu verlieren. Er wird relativ gut entlohnt, befindet sich aber, im Gegensatz zu Mitgliedern konservativer Gruppen, in einer guten Position, um ständige Vergleiche mit anderen anzustellen. Die strategische Lokalisierung seiner Aufgabe innerhalb der Organisation setzt seine Vorgesetzten in die Lage, beim Verhandeln in ausgeprägtem Umfang Erfolg zu erzielen.

Sayles Typologie illustriert, wie die Umgebung die Beziehungen der Arbeitsgruppen in Fabriken durchdringend begrenzt und einschränkt. Viele andere Beispiele liegen aus anderen Gruppen vor. Wir werden Beispiele, in denen Gruppen Streß ausgesetzt sind, und Beispiele aus Schulsystemen untersuchen. In einer Reihe von Untersuchungen wurden die Auswirkungen auf Gruppen erforscht, die unter extrem feindlichen Umweltbedingungen arbeiteten, z. B. den Mount Everest zu besteigen versuchten, den Winter am Südpol verbrachten oder zehn Tage lang dreihundert Fuß unter dem Meeresspiegel lebten. Radloff und Helmreich (1968) geben einen detaillierten Forschungsbericht über das letztgenannte Beispiel. Gruppen, bestehend aus neun oder zehn Personen verbrachten zehn Tage in einem »Sealab« auf dem Meeresboden, wobei sie mit einer Reihe von Unterwasseruntersuchungen und Rettungsaktionen beschäftigt waren. Radloff und Helmreich berichten, daß die außerordentliche Gefahr, der die Männer ausgesetzt waren, starken Zusammenhalt erzeugte. Im allgemeinen veranlaßt Streß die Mitglieder einer Gruppe, ihre Abhängigkeit von der Gruppe zu vergrößern, mehr Lenkung seitens des Führers zu akzeptieren und sich stärker an die Gruppennormen anzupassen. Das ist vielleicht teilweise darauf zurückzuführen, daß starker Streß auch mit einer Unterbrechung der Orientierung an anderen Gruppen verbunden ist; das stimmt aber auch mit Schachters (1959) Gedanken über die Grundlagen sozialer Vergleiche überein.

Eine andere äußere Beschränkung des Organisationsverhaltens besteht in der Größe der Organisation. In einer Reihe von Untersuchungen wurden die äußeren Verhaltensbedingungen verschiedener Schulgrößen in Kansas verglichen (Barker und Gump, 1964; Barker, 1968). Es wurden auch Vergleiche zwischen englischen und amerikanischen Schulen gezogen. Im allgemeinen stellte sich heraus, daß kleinere Schulen den Kindern mehr Gelegenheiten zur Teilnahme an Gruppenaktivitäten boten. Mit zunehmender Schulgröße nimmt die Wahrscheinlichkeit zu, daß das Kind bei vielen Ereignissen eher »Zuschauer« als Teilnehmer wird.

Die »Technologie« einer Schule unterscheidet sich dadurch von einer industriellen Organisation, daß die Hauptaufgabe nicht in der gewinnbringenden Herstellung von Gütern, sondern in der Förderung des Lernens besteht. In der Vergangenheit haben einflußreiche Persönlichkeiten des britischen Erziehungssystems argumentiert, daß eine größere Effektivität von Lernprozessen erreicht werden kann, wenn man die Schüler ihren Fähigkeiten entsprechend auf getrennte Klassen verteilt. Das Hauptargument lautet, daß eine derartige Einteilung den Lehrer in die Lage versetzt, sich stärker um die Bedürfnisse seiner Schüler zu kümmern und somit effektiveres Lernen zu bewirken. Das System der Einteilung in verschiedene Leistungsstufen stellt eine schwerwiegende äußere Beschränkung für die Arten von Gruppenstrukturen dar, die in unterschiedlichen Schultypen auftreten werden. Über die Auswirkungen dieses Systems sind einige Fallstudien veröffentlicht worden. Zum Beispiel berichtet Hargreaves (1967) von einer modernen höheren Schule, während Lacey (1970) eine Mittelschule untersuchte. Beide Studien zeigen, daß die Einteilung nach Lernzügen eine Betonung der Unterschiede zwischen den Lernzügen bewirkt. Indem man gleichgeartete Kinder in die gleiche Klasse gehen läßt, wird dafür gesorgt, daß diese Kinder primär untereinander interagieren, soziale Vergleiche untereinander anstellen und sich Führer wählen werden, die ihre Gemeinsamkeiten verkörpern. Die bei den Lehrern beliebtesten Lernzüge entfalten eine Struktur, die die Werte der Schule akzeptiert und sie zu erreichen strebt. Die beliebten Kinder sind die intelligenten. In den weniger beliebten Lernzügen werden die Werte der Lehrer abgelehnt, und eine »zerfließende« Gemeinschaft entwickelt sich (Hargreaves, 1967). Hier sind die beliebten Kinder mit größerer Wahrscheinlichkeit gestört oder aggressiv. Es gibt eine Menge Unterschiede zwischen Schulen und Fabriken, trotzdem lassen sich einige

Ähnlichkeiten zwischen den schulisch bevorzugten Lernzügen und Sayles konservativen Gruppen einerseits und zwischen den zerfließenden Lernzügen und Sayles Gruppen mit eigenwilligem Charakter und den strategischen Gruppen andererseits erkennen. Die sich entwickelnden sozialen Strukturen werden durch die in der Schule angewandten Lernsysteme ebenso eingeschränkt und begrenzt wie durch das in einer bestimmten Fabrik eingeführte Produktionssystem.

Organisationen und ihre Umwelt

Bei der Erörterung der Wechselwirkung zwischen den Gruppenstrukturen in Schulen und dem Erziehungsumfeld sind wir von der Untersuchung individueller Gruppenstrukturen zu der umfassenderen Frage gelangt, warum sich bestimmte Organisationen gerade für die Produktionstechnologie oder die Art von Lernsystem entscheiden, die sie eingeführt haben. Um ein konkretes Beispiel anzuführen: Die Fließbandtechnologie eines Automobilunternehmens mag das Auftreten von eigenwilligen Arbeitsgruppen begünstigen, aber welche Variablen bestimmen die Tatsache, daß jene spezielle Technologie eingeführt wird?
Die meisten Forscher bedienen sich zur Untersuchung dieser Frage eines »systemtheoretischen« Ansatzes. Das heißt, sie konzipieren Organisationen als »offene Systeme«, die in einer komplexen Wechselbeziehung mit ihrer Umwelt stehen. Ein offenes System entnimmt seiner Umwelt eine Vielzahl von Mitteln, transformiert diese Mittel in einer bestimmten Weise und gibt dann die Ergebnisse dieser Transformation wieder ab. Dieser Kreislauf wiederholt sich viele Male und bewahrt die Organisation dadurch vor der Auflösung. Die von einer Organisation aufgenommenen Materialien umfassen nicht nur Menschen, Geld und Rohstoffe, sondern auch Informationen über den Zustand der äußeren Umgebung. Diese Informationen dienen dazu, den Umfang zu erweitern, in dem die Organisation Voraussagen über ihre Umwelt treffen und diese kontrollieren kann. Die Anpassung eines Systems an eine komplexe Umwelt ist oft mit einer verblüffenden Vergrößerung und Spezialisierung verbunden. Sowohl die Entwicklung von Computern als auch das Gedankengut der Biologen hat Einfluß auf die Systemtheorie gehabt. Systemtheoretiker betonen die Mannigfaltigkeit der verschiedenen Kräfte, denen eine Organisation ausgesetzt ist. Ihre Denkweise steht somit in starkem Kontrast zu den Versuchsleitern von Kleingruppen, die normalerweise bestrebt sind, alle, mit Ausnahme einiger weniger, Quellen der Abweichung innerhalb ihrer Experimente zu kontrollieren. Die

einfachste Ausdrucksform des Systemmodells einer Organisation ist die in Abbildung 6 (S. 67) dargestellte.

Das Tavistock-Institut in London arbeitet seit langer Zeit auf diesem Gebiet. Organisationen werden dort als »soziotechnische« Systeme begriffen, mit anderen Worten: als Systeme, welche versuchen, die auf eine Situation einwirkenden sozialen und technischen Anforderungen im Gleichgewicht zu halten. Dieser Ansatz wird gut durch eine Reihe von Untersuchungen (Trist u. a., 1963) veranschaulicht, die Veränderungen in der Kohlenbergbauindustrie erforschen. Hauptsächlich ökonomische und technologische Erfordernisse haben während der letzten Jahrzehnte Veränderungen in der Kohlenbergbauindustrie herbeigeführt. Infolge der Entwicklung stärker mechanisierter Kohlegewinnungsverfahren wurden die Kosten vermindert. Gleichzeitig stellte die Entwicklung alternativer Energiequellen eine Gefahr für den Bergbau dar. In einer Untersuchung über die Durham-Grube berichteten Trist u. a. von der Ersetzung der »Abbaustrecke-und-Pfeiler« (room and pillar)-Technologie durch die »Langfront-Methode«. Bei dem Abbaustrecke-und-Pfeiler-System arbeitete eine kleine Gruppe von Männern autonom; alle beteiligten sich an den erforderlichen Arbeiten und verhandelten direkt über ihre Akkordsätze. Durch das Langfrontabbausystem, das dieses System ersetzte, wurden die Teilaufgaben in eine Anzahl verschiedener spezifischer Funktionen aufgespalten. Aus der Kohlegewinnung wurde ein Drei-Phasen-Zyklus, bei dem jede folgende Schicht unterschiedliche Aufgaben auszuführen hatte. Der Wirkung nach wurde das Kleingruppensystem durch ein der Fließbandproduktion analoges System ersetzt. Das Arbeitsteam wurde zu einer Einheit von 30 oder 40 Männern, die aber nicht alle gleichzeitig in der Grube waren. Die technologischen Veränderungen boten enorme ökonomische Vorteile, die Änderungen des sozialen Systems in der Mine aber waren weit davon entfernt, vorteilhaft zu sein. Verschiedene gemessene Streßindizes fielen bei dem neuen System viel höher aus, und viele Konflikte entstanden zwischen den aufeinanderfolgenden Schichten. Bei den Konflikten ging es oft um Arbeit, welche die vorherige Schicht aus Zeitmangel nicht erledigen konnte und welche daher von der einfahrenden Schicht übernommen werden mußte.

In späteren Abschnitten ihres Buches illustrieren Trist u. a., unter welchen Bedingungen die technologischen Veränderungen nicht zwangsläufig diese nachteiligen Auswirkungen auf das soziale System haben müssen. Mit der Abschaffung des rigiden Systems der Rollenfixierung und der Wahl einer gemischten Arbeitsweise wurde die Arbeitsmoral wieder hergestellt. Während der gemischten Arbeit beschäftigte sich jeder Mann mit der Aufgabe, die als nächste zu erledigen war; das Team übernahm die Verantwortung für die Aufgabe als ganze. Diese Untersuchung erlaubt zwei Schlußfolgerungen. Die erste erinnert an die Folgerungen, die sich aus den Kommunikationsnetzexperimenten ergeben: Die äußeren Bedingungen begrenzen, aber bestimmen nicht die soziale Struktur. Obwohl einige mögliche soziale Strukturen durch das Nichtvorhandensein bestimmter Kommunikationsverbindungen oder Interaktionen verhindert werden, verbleibt ein Spielraum an Möglichkeiten, der durch angemessene Bemühungen genutzt werden kann. Die zweite Schlußfolgerung die sich aus der Tavistock-Arbeit ergibt, besteht darin, daß es sinnvoll ist, Konflikt als Bestandteil eines jeden Organisationsmodells zu begreifen. Das sozio-technische Modell beschäftigt sich besonders mit der Art und Weise, in der Organisationen bestrebt sind, ihre Anpassung an ihre Umwelt *als ganze* zu optimieren. Wenn die Organisation als ganze gut angepaßt ist, so impliziert das bis zu einem bestimmten Umfang Nicht-Optimalität, was spezifischere Kriterien betrifft. Die Notwendigkeit für die Bergbauindustrie zu überleben, führte dazu, daß sie Aspekte der Arbeitsmoral vorübergehend außer Acht ließ. In Kapitel 6 werden wir auf die Konfliktfrage in Organisationen ausführlicher zurückkommen.

Ein weiterer Versuch, die Produktionstechnologie zur Organisationsstruktur in Beziehung zu setzen, ist die Arbeit von Woodward (1965). Woodward nahm eine Erhebung unter allen Unternehmungen in Südost-Essex mit mehr als hundert Beschäftigten vor. Sie erhielt schließlich Daten aus 100 solcher Unternehmen. Die im Einsatz befindliche Produktionstechnologie jedes Unternehmens wurde dann entweder als »Stückfertigung«, »Chargenfertigung«, »Fließbandfertigung« oder »kontinuierliche Fertigung« klassifiziert. Dann wurde diese Einschätzung der Technologie mit einfachen Messungen der Unternehmensorganisationsstrukturen verglichen. Es ergaben sich große Unterschiede. In Unternehmen mit Fließbandfertigung und kontinuierlicher Fertigung stellte man einen viel höheren Anteil an Angestellten fest, die nicht direkt in der Produktion beschäftigt waren. In Betrieben mit Fließbandfertigung waren diese Personen meistens Kontrolleure, während sie in Betrieben mit kontinuierlicher Fertigung eher Spezialisten waren. Woodward stellte fest, daß es innerhalb einer bestimmten Technologie von Unternehmen zu Unternehmen Abweichungen gab. Sie bestätigte damit die Tavistock-Ergebnisse, wonach man stets noch eine Wahl bei der Form der Organisation hat. Sie behauptete aber, daß Betriebe, deren Strukturen eher typisch als abweichend hinsichtlich einer gegebenen Produktionstechnologie waren, durchweg am erfolgreichsten waren.

Diese Feststellung könnte, wenn sie bestätigt würde, von großer Bedeutung sein. Sie läßt auf der organisatorischen Ebene an eine Analogie zu Fiedlers Kontingenzmodell denken. Wie verschiedene Führer für unterschiedliche Situationen geeignet sind, so sind unterschiedliche Organisationsstrukturen verschiedenen technologischen Bedingungen angemessen. Leider kann Woodwards Studie nicht ohne Vorbehalte als schlüssig akzeptiert werden. Sie teilt ziemlich wenig Einzelheiten zu ihrer Klassifizierung der Unternehmungen mit. Da es, *a priori* betrachtet, den Anschein hat, daß die meisten großen Firmen Elemente aller vier Produktionstypen enthalten, ist es ziemlich wichtig zu wissen, wie die Kodierung erfolgte und ob unabhängige Kodierer bei verschiedenen Gelegenheiten zur gleichen Antwort kämen. Darüberhinaus handelte es sich bei Woodwards Messung des Erfolges von Organisationen um eine einzige Meßziffer, in der unterschiedliche Leistungskriterien zusammengefaßt wurden. Darüber, was in den Index eingegangen ist, werden nur wenige Angaben gemacht, und gar keine hinsichtlich der Kriterien, die kombiniert wurden. Woodwards Studie ist daher zwar höchst anregend, aber etwas unzuverlässig. Wir haben weiter vorn gesehen, daß Fiedlers Kriterien für die Effizienz von Führern der Kritik ausgesetzt sind. Die Beurteilung organisatorischer Effizienz aber ist ein Problem, über das noch weniger Übereinstimmung besteht. Daß Woodwards Meßweise die angemessenste ist, bedarf folglich des Beweises und kann nicht einfach unterstellt werden.

Wenngleich dies auch noch nicht als einwandfrei bewiesen gelten kann, so besteht doch eine hohe Wahrscheinlichkeit, daß unterschiedliche äußere Bedingungen unterschiedliche Strukturen erfordern. Zur Überprüfung solcher Behauptungen werden detailliertere Analysen der Formen sozialer Beziehungen, die für bestimmte Aufgaben am ergiebigsten sind, vonnöten sein. Diese Frage ist vielleicht leichter mit Hilfe von Laborexperimenten als mit Organisationsuntersuchungen zu beantworten; wir werden uns deshalb derartigen Experimenten im nächsten Kapitel zuwenden.

Auf der organisatorischen Ebene kann man sich zwei Möglichkeiten vorstellen. Erstens kann man annehmen, daß die Durchführung einer bestimmten Aufgabe eigentlich eine individuelle Tätigkeit ist. Für das ausführende Individuum wird es erforderlich sein, zur gegebenen Zeit in Kommunikation mit relevanten anderen zu stehen; meistens aber stellen die Prozesse des sozialen Vergleichs und der Kontrolle Ablenkungen oder Blockierungen seiner Effektivität dar. Derartige Aufgaben werden von Thibaut und Kelley (1959) als »disjunktiv« bezeichnet. Organisationen, die an »disjunktiven« Aufgaben arbeiten, bedürften einer »differenzierten« Struktur, um die einzelnen Bestandteile getrennt zu hal-

ten. Ein Beispiel wäre eine Organisation, die sich mit Forschung oder Problemlösung befaßt, was es notwendig macht, den Prozeß der Entwicklung neuer Ideen von dem Prozeß der Bewertung und Ausnutzung dieser Ideen getrennt zu halten. Würde das nicht gemacht, würde der Fluß neuer Ideen austrocknen.
Die zweite Möglichkeit besteht bei einer anderen Aufgabenart darin, daß sozialer Vergleich und Kontrolle die Effektivität des Individuums vergrößern könnte. Derartige Aufgaben bezeichnen Thibaut und Kelley als »konjunktiv«. Organisationen, die an »konjunktiven« Aufgaben arbeiten, bedürften einer »integrierten« Struktur, bei der die Tätigkeiten eines jeden sicher verknüpft sind. Ein Beispiel wäre eine Organisation, die sich mit Psychotherapie oder Ausbildung beschäftigt, z. B. eine Therapiegruppe oder eine anerkannte Schule. Hier besteht die vordringlichste Aufgabe darin, für ein klares und widerspruchsfreies Verständnis von Prozessen des sozialen Vergleichs und der Kontrolle, wann immer sie auftreten, zu sorgen, da es das Ziel ist, sie für den therapeutischen Erfolg zu nutzen.
Die Unterscheidung zwischen differenzierten und integrierten Strukturen in Organisationen geht auf die Arbeit von Lawrence und Lorsch (1967) zurück. Sie stellen sich Organisationen als ein Kontinuum vor, das von stark integrierten bis zu stark differenzierten Organisationen reicht. Differenzierte Organisationen haben zweifellos auch ein bestimmtes Maß an Integration nötig; andernfalls würden sie aufhören, in einheitlicher Weise zu funktionieren. Andererseits erfordern integrierte Organisationen keine Differenzierung. Die Vorstellungen von Lawrence und Lorsch sind stark von Woodwards und Fiedlers Arbeiten, die wir bereits erörtert haben, beeinflußt worden. Lawrence und Lorsch denken an eine Reihe äußerer Bedingungen, die unterschiedliche Organisationsstrukturen verlangen. Ihr Umweltbegriff beruht nicht so sehr auf verschiedenen Technologien als vielmehr auf der Schnelligkeit von Veränderungen. Sie untersuchten sechs Unternehmen der amerikanischen Plastikindustrie, die in hohem Maße Marktveränderungen unterworfen ist und innerhalb derer die verschiedenen Plastikmärkte ganz verschiedene Parameter aufweisen. Sie sagten voraus, daß erfolgreiche Unternehmen in dieser Umgebung sowohl der Differenzierung als auch effektiver Integration bedürften. Tatsächlich stellten sie fest, daß die beiden erfolgreichsten Unternehmen mehr Differenzierung und mehr Integration aufwiesen als andere Firmen. Ihre Effektivitätsmessungen sind viel klarer erläutert als die von Woodward. Integration wurde an der Beurteilung derjenigen gemessen, die sich damit befaßten festzustellen, wie gut die Abteilungen zusammenarbeiteten. Differenzierung wurde daran gemessen, in welchem

Umfang sich die Abteilungen voneinander unterschieden. Dabei wurden vier Dimensionen berücksichtigt: Formalität der Struktur, interpersonale Beziehungen, Zeitperspektiven und Art der vorhandenen Arbeitsziele. Dann dehnten Lawrence und Lorsch ihre Untersuchung auf zwei weitere Industrien aus, um die Allgemeingültigkeit ihrer Ergebnisse zu prüfen. Sie hofften festzustellen, daß in sich weniger schnell ändernden Umgebungen die effektiven Unternehmen nicht dem gleichen Typus angehörten wie die in der Plastikindustrie. Sie untersuchten zwei standardisierte Container produzierende Betriebe, für die ein sehr stabiler Markt besteht, und zwei weitere Betriebe aus der Fertignahrungsmittelindustrie, deren Markt gewissen Veränderungen unterworfen ist, aber nicht in dem Ausmaß wie die Plastikindustrie. Die Ergebnisse sind in Tabelle 1 festgehalten. Es ist ersichtlich, daß die Erfordernisse in jeder Industrie andere sind und daß in jedem Fall das effektive Unternehmen diesen Erfordernissen besser entspricht als das ineffektive Unternehmen. Diese Ergebnisse vermitteln ein lebhaftes Bild von den meßbaren Folgen sozialer Prozesse in Organisationen, die zu Effektivität oder Ineffektivität der

Tabelle 1 *Umweltbedingte Erfordernisse und organisatorische Strukturen in drei Industrien*

Industrie	Im Durch- schnitt er- zierung forderliche Differen-	Im Durch- schnitt erfor- derliche Integration	Organisation: Leistungs-fähigkeit	tatsächl. durchschn. Diff.	tatsächl. durchschn. Integr.
Plastik	10,6	5,4	hohe	10,7	5,6
			geringe	9,0	5,1
Nahrungsmittel	8,7	5,4	hohe	8,0	5,3
			geringe	6,5	5,0
Container	6,3	5,5	hohe	5,7	5,7
			geringe	5,7	4,8

Bearbeitet nach drei Tabellen in »Organization and Environment: Managing Differentiation and Integration« von Paul R. Lawrence & Jay W. Lorsch. Copyright 1967. Abdruck mit Erlaubnis der Harvard Business School. Bei den Zahlen in der Tabelle handelt es sich um Schätzungen. Die Bewertungen für die Differenzierung bewegen sich zwischen 3 und 15. Bei der Integration reicht die Skala von 1 bis 7. Die Werte für die erforderliche Differenzierung und Integration wurden von Schätzungen der Manager in der Organisation abgeleitet, die die äußeren Bedingungen angesichts der verschiedenen Funktionen beschrieben. Die Werte für die tatsächliche Differenzierung und Integration beruhten auf Schätzungen der Manager über den gegenwärtigen Zustand der Organisationen.

Organisation führen. Von dieser Ebene der Untersuchung organisatorischer Leistung als ganzer kehren wir nun zu Kleingruppenuntersuchungen zurück, um gründlicher zu erforschen, woran es liegen könnte, daß bei einer Aufgabe Integration die Leistung behindert, bei einer anderen aber begünstigt.

Zusammenfassung

Die Prozesse des sozialen Vergleichs und der Kontrolle werden von der Art der Umgebung, innerhalb derer besondere soziale Interaktionen vorkommen, gefördert, beschränkt oder verhindert. Das wird sehr deutlich in Situationen, in denen aufgrund der materiellen Beschaffenheit der Umwelt Kommunikation verhindert wird, wie bei den Kommunikationsnetzstudien und bei den Studien, die Nähe und Bekanntschaft verknüpfen. Sogar in kleinen (face-to-face) Gruppen beeinflußt die Sitzanordnung Art und Häufigkeit der Kommunikation.

Arbeitsgruppen in Fabriken können je nach Beschaffenheit der Situation, in der die Gruppen arbeiten, als teilnahmslos, eigenwillig, konservativ oder strategisch klassifiziert werden. Ähnlich werden informelle Gruppenstrukturen in Schulen von den Entscheidungen, ob Kinder nach ihrer Befähigung in Lernzüge eingeteilt werden sollen oder nicht, stark beeinflußt.

Gruppen können als offene Systeme aufgefaßt werden, mit deren Hilfe die Wechselwirkung zwischen sozialen und technologischen Faktoren erklärt werden kann. Die Untersuchungen von Trist u. a. wiesen darauf hin, daß technologische Faktoren sozialen Vergleich und soziale Kontrolle beschränken können, sie aber nicht völlig determinieren. Es bleibt noch Raum für Alternativen und bewußte organisatorische Gestaltung. Woodward erhob den Anspruch, nachgewiesen zu haben, daß unterschiedliche Organisationsstrukturen bei verschiedenen Produktionstechnologien vorkamen; ihre Meßmethoden waren aber schwach. Die Untersuchung von Lawrence und Lorsch war besser abgesichert. Sie zeigten, daß Organisationen, die den Umfang ihrer Differenzierung und ihrer Integration der Geschwindigkeit der Veränderung in ihrer Umgebung angepaßt hatten, erfolgreicher waren.

5
Soziale Erleichterung von Aufgaben (Social facilitation)

Seit vielen Jahren sind die Wirkungen, die Menschen bei der Durchführung von Aufgaben aufeinander ausüben, Gegenstand der Forschung. Eine der ersten experimentellen Untersuchungen auf dem Gebiet der Sozialpsychologie überhaupt befaßte sich mit diesem Problem (Triplett, 1898). Triplett untersuchte, auf welche Weise die Leistung eines Individuums durch die Gegenwart anderer gesteigert wurde. Seine Überlegung wurde dadurch angeregt, daß er sich fragte, warum Radrennfahrer schneller gegeneinander fahren konnten als gegen die Uhr. Zum Studium dieses Problems ersann er experimentelle Aufgaben wie das Aufwickeln von Angelrollen und kam zu dem Schluß, daß die Gegenwart anderer Personen eindeutig die Leistung förderte. Allerdings ermutigte er seine Versuchspersonen, miteinander zu konkurrieren, so daß man nicht allzu sicher sein kann, wodurch die von ihm festgestellten Effekte verursacht wurden.

Individuelle Aufgaben

Allport (1920) dehnte diese Untersuchungen auf eine ganze Reihe von Aufgaben aus. In allen seinen Studien handelte es sich im wesentlichen um individuelle Aufgaben; das heißt: verschiedene Personen arbeiteten Seite an Seite an der gleichen Aufgabe, hatten aber keine Möglichkeit, sich in irgendeiner Weise gegenseitig zu helfen. Seine Anweisungen sollten den Wettbewerb zwischen seinen Versuchspersonen so gering wie möglich halten. Allport stellte fest, daß bei manchen Aufgaben die Gegenwart von anderen die Leistung tatsächlich steigerte, bei anderen Aufgaben aber die Leistung hemmte. Die Leistung erhöhte sich zum Beispiel bei Multiplikations-, Vokalstreichungs- und Wortassoziationsaufgaben. Verminderte Leistung wurde dagegen bei einem Versuch festgestellt, bei dem es die Argumente alter Philosophen zu widerlegen galt. Um das Zustandekommen dieser Differenzen erklären zu können, müssen wir noch einmal zu den grundlegenden, in früheren Kapiteln geschilderten Gruppenprozessen zurückkehren. In Kapitel 2 sahen wir, wie Menschen dazu neigen, soziale Vergleiche mit anderen anzustellen. Vermutlich taten das auch die Versuchspersonen in Allports Experimenten, sofern sie mit anderen zusammen arbeiteten; sie wurden aber daran gehindert, wenn sie allein arbeiteten. Gibt es aber irgendwelche Gründe dafür, warum sozialer Vergleich bei einigen Aufgaben die Leistung fördern und bei anderen hemmen sollte?

Viele Jahre lang gab es dafür keine plausible Erklärung. 1965 äußerte Zajonc generalisierend, daß es sich sowohl bei Allports Arbeit als auch bei anderen Arbeiten im Falle der Leistungssteigerung um bekannte und vertraute Aufgaben handelte, während es sich im Falle der Leistungsminderung um ungewohnte neue Aufgaben handelte. Vom Standpunkt des sozialen Vergleichs aus gesehen ist es klar, daß Zajoncs Theorie äußerst einleuchtend ist. Bei einer vertrauten Aufgabe hat die Versuchsperson nur ein geringes Bedürfnis nach sozialem Vergleich und kann sich die nötigen Angaben über die Güte seiner Arbeit leicht von anderen beschaffen. Die Resultate solcher Vergleiche werden oft bestätigend ausfallen, was die Leistung steigern wird. Andererseits wird es die Versuchsperson bei ungewohnten Aufgaben zunehmend schwierig finden, soziale Vergleiche anzustellen. Je weniger vertraut die Aufgabe ist, desto unklarer wird es für sie, wie sie Erfolg oder Mißlingen der Arbeit bewerten soll. Je unklarer die Anhaltspunkte, die sie von anderen erhält, desto stärker wird das Bedürfnis nach sozialem Vergleich. Folglich wird ihre Leistung darunter leiden, da sie immer mehr Zeit dafür aufwenden muß, adäquate Vergleichsdaten zu suchen. Sozialer Vergleich kann also die Leistung sowohl erhöhen als auch vermindern. Die Vertrautheit mit der Lösung einer Aufgabe erweist sich als Schlüsselvariable, so wie sich das Ausmaß der Veränderung bei einigen der im letzten Kapitel untersuchten Organisationsstudien als entscheidend erwies. Wir werden die Divergenzen zwischen den experimentellen und den Organisationsstudien gleich erörtern, aber zuerst wollen wir die Daten miteinander vergleichen.

Lawrence und Lorsch (1967) fanden heraus, daß unter sich nicht verändernden Umweltbedingungen Unternehmen mit *integrierten*, *nicht-differenzierten Strukturen* am effektivsten waren. Das Modell von Zajonc läßt erkennen, daß gewohnte Aufgaben am besten *in Gegenwart anderer* ausgeführt werden. Lawrence und Lorsch stellten fest, daß bei sich schnell verändernden Umweltbedingungen die Unternehmen mit gleichzeitig *hochdifferenzierten und hochintegrierten* Strukturen die größte Effektivität aufwiesen. Das Zajonc-Modell zeigt, daß neue Aufgaben am besten *allein* ausgeführt werden.

Man sollte sich von dieser offensichtlichen Parallele nicht mitreißen lassen. Die Laboruntersuchungen zum Beispiel, die wir bisher untersucht haben, befaßten sich mit im wesentlichen individuellen Aufgaben, wogegen viele organisatorische Aufgaben Zusammenarbeit erfordern. Darüberhinaus wurden die Laboraufgaben ohne das Vorhandensein irgendeiner Führungsstruktur durchgeführt. Schließlich sollte man den differenzierten Zustand einiger der von Lawrence und Lorsch untersuchten Organisationen nicht so auffassen, als ob sie implizierten, daß die Menschen in diesen Organisationen die ganze Zeit individuell arbeiteten. Die Differenzierung bestand zwischen Organisationseinheiten, nicht zwischen Individuen. Zweifellos wird es in jeder Organisationseinheit zu sozialen Vergleichen kommen. In einer hochdifferenzierten Organisation werden sie vermutlich primär innerhalb der Einheiten auftreten, in weniger differenzierten Organisationen dagegen werden soziale Vergleiche wohl weiter verbreitet sein. Ein Individuum, das in totaler Isolation und ohne die Möglichkeit, irgendwelche sozialen Vergleiche anstellen zu können, arbeitet, wird es wohl außerhalb des Versuchslabors kaum geben. Wir müssen uns überlegen, ob die anscheinend bestehende Parallele zwischen dem Modell von Zajonc und den Organisationsergebnissen bestätigt werden kann, wenn wir Studien berücksichtigen, die mehr mit realen Organisationen gemeinsam haben.

Kollaborative Aufgaben

Die Gruppenleistung ist anhand vielfältiger, kollaborativer Aufgaben untersucht worden. Es mag von Nutzen sein, die Untersuchungen, die sich solcher Aufgaben oder Probleme bedienen, bei denen es eine eindeutig definierte richtige Antwort gibt, von Untersuchungen zu unterscheiden, bei denen es keine solche Antwort gibt. Es handelt sich hierbei um die gleiche Unterscheidung wie sie Fiedler zwischen strukturierten und unstrukturierten Aufgaben getroffen hat. Ziel der Untersuchungen, die sich strukturierter Aufgaben bedienen, war es gewöhnlich zu bestimmen, ob Gruppen oder Individuen bessere Lösungen finden. Studien, die sich unstrukturierter Aufgaben bedienen, konzentrierten sich dagegen auf die Frage, ob Teilnahme an einer Gruppe eher zu Einstellungs- oder Verhaltensänderung führt als individuelle Methoden. Auf jedem dieser Gebiete hat eine Entwicklung stattgefunden, die von der einfachen Frage, ob Gruppen oder Individuen mehr Erfolg haben, wegführte zur Formulierung von Theorien, die die Ergebnisse zu erklären versuchen.

Strukturierte Aufgaben

Forscher, die sich strukturierter Aufgaben bedienen, haben festgestellt, daß Gruppen häufig überlegen sind. Eine derartige Überlegenheit muß jedoch genau untersucht werden. Wenn wir feststellen, daß Gruppen Individuen beim Fällen einer bestimmten Art von Urteil überlegen sind, so mag das allein daran liegen, daß sich jede Gruppe aus einer Anzahl verschiedener Individuen zusammensetzt. Da das Gruppenurteil auf der Zusammenfassung der individuellen Urteile beruht, werden wahrscheinlich die Fehler in den individuellen Beurteilungen ausgeglichen. Dieser Effekt ist nicht so sehr ein Gruppeneffekt als ein statistischer Effekt. Um wirkliche Gruppeneffekte untersuchen zu können, müssen wir die Leistungen von Gruppen nicht nur mit Individuen vergleichen, sondern auch mit Serien individueller Daten, die von dem Versuchsleiter zu »Pseudo-Gruppen« zusammengefaßt werden, welche die gleiche Anzahl von Individuen umfassen wie die wirklichen Gruppen. Die Pseudo-Gruppen (Nominalgruppen) bestehen nicht aus wirklichen Mitgliedern: Sie existieren nur in dem Sinne, daß der Versuchsleiter ihre individuellen Bewertungen zusammenstellt.

Bei Untersuchungen, in denen echte Gruppen bessere Leistungen als Pseudo-Gruppen erbringen, wird es sich um Studien handeln, die sich »konjunktiver« Aufgaben bedienen und bei denen die Teilnehmer eine Chance haben, ihr Verhalten gegenseitig zu verbessern, vielleicht durch Arbeitsteilung oder durch soziale Erleichterung (social facilitation), wie es weiter oben geschildert wurde. Andererseits werden Untersuchungen, bei denen Pseudo-Gruppen besser abschneiden, wohl Untersuchungen sein, die sich »disjunktiver« Aufgaben bedienen und bei denen sich die Teilnehmer entweder infolge gegenseitigen, unerträglichen Verhaltens oder infolge von aus sozialen Vergleichsprozessen entstehendem Konformitätsdruck in die Quere geraten.

Die Arbeit von Olson und Davis (1964) liefert ein Beispiel für eine »konjunktive« Aufgabe. Sie stellten einzelnen Personen und Gruppen von vier Personen fünf separate und in sich geschlossene arithmetische Aufgaben. Die Vierergruppen waren überlegen und blieben es auch, nachdem die Forscher die Gruppen einem Richtwert, den sie aus der Zusammenstellung individueller Leistungen ermittelten, gegenübergestellt hatten. Ein Beispiel für die zweite Form liefern die Untersuchungen über Gruppenkreativität. Taylor, Berry und Block (1958) folgten der Entwicklung der »Brainstorming«-Verfahren (Osborn 1957) und versuchten zu testen, ob Gruppen auf ausgefallenere Ideen kommen als Individuen. Beim Brainstorming versuchen Gruppen, eine »freilaufende« (freewheeling) Atmosphäre zu schaffen, in der alle Ideen, so absurd sie auch sein mögen, geäußert werden. Eine Bewertung der Ideenqualität ist strikt ausgeschlossen und erfolgt erst, nachdem die Phase der Ideenerzeugung abgeschlossen ist. Osborn ist der Ansicht, daß der Ideenfluß in der

Gruppe weitere Ideen auslösen wird, wohingegen unter gewöhnlichen, wertenden Gruppenbedingungen die Tendenz besteht, Ideenreichtum zu unterdrücken. Vielleicht liegt das daran, daß Gruppenmitglieder in den Augen anderer nicht lächerlich erscheinen wollen.

Taylor, Berry und Block (1958) testeten die Wirksamkeit des Gruppenbrainstorming. Wie erwartet stellten sie fest, daß Gruppen außergewöhnlichere Ideen erzeugten und daß die Ideen eine bessere Qualität besaßen, was mit Hilfe verschiedener Kriterien gemessen wurde. Wenn man dagegen die Leistungen der Gruppen mit den Ergebnissen von Pseudo-Gruppen verglich, welche die Versuchsleiter aus individuellen Werten konstruiert hatten, erhielt man ein umgekehrtes Bild. Die Pseudo-Gruppen waren den echten Gruppen in allen Kriterien überlegen. Mit anderen Worten: Die Überlegenheit von Gruppen über Individuen ist einfach ein Produkt der größeren Zahl an Arbeitsstunden pro Person, die sie in Anspruch nehmen. Selbst wenn besondere Brainstorminganweisungen gegeben wurden, hatte die Gegenwart anderer eher die Folge, Kreativität in diesen *ad hoc*-Gruppen zu hemmen, statt sie zu fördern. Dennoch besteht die Möglichkeit, daß Brainstorming in etablierteren oder besonders ausgebildeten Gruppen effektiver sein könnte.

Die Verwendung von Pseudo-Gruppendaten als Vergleichsbasis hat es uns möglich gemacht, die arithmetische Aufgabe von Olson und Davis, bei der echte Gruppen überlegen waren, von der Brainstormingaufgabe, bei der sie es nicht waren, zu unterscheiden. Wir sollten beachten, daß dieser Unterschied mit Zajoncs Generalisierung in bezug auf Gruppen, die an individuellen Aufgaben arbeiten, übereinstimmt. Bei den gerade von uns besprochenen Untersuchungen handelte es sich im Falle der Leistungssteigerung in der Gruppe um eine Routineaufgabe, im Falle der Leistungsminderung in der Gruppe um eine Aufgabe, die eine neue Denkweise erforderte.

Die Entscheidung darüber, ob bei der Lösung eines Problems aus dem wirklichen Leben Gruppenarbeit oder individuelle Arbeit eingesetzt werden soll, wird kaum ausschließlich darauf beruhen, welches Verfahren am produktivsten ist. Es muß auch die Frage berücksichtigt werden, was mit dem Ergebnis geschehen soll. Nehmen Sie zum Beispiel die Brainstormingergebnisse von Taylor u. a. Wenn wir Ideen dazu benötigen, welche Probleme aufträten, wenn man an jeder Hand zwei Daumen hätte (eine von Taylors experimentellen Aufgaben), wäre es besser, vier einzelne Personen zu befragen als eine Gruppe von vier Personen. Immerhin würde die Vierergruppe wenigstens eine einheitliche Liste von Ideen hervorbringen. Die vier Individuen andererseits würden vier getrennte Listen, wahrscheinlich mit beträchtlichen Überschneidungen, produzieren. Wollte man eine eindeutige Antwort haben, wäre weitere Arbeit notwendig, um die vier verschiedenen Resultate zu integrieren. In dem Experiment muß diese zusätzliche Arbeit von den Forschern geleistet worden sein, die die Pseudogruppen zusammenstellten. Wir erfahren nicht, wieviel Zeit das in Anspruch nahm. Ein gültigerer Vergleich der auf Gruppenarbeit oder individuelle Arbeit verwandten Zeit pro Person hätte auch die Zeit zu berücksichtigen, die erforderlich ist, um individuelle Entwürfe zu integrieren (Collins und Guetzkow, 1964).

Noch einmal: Die Parallelen zu den Ergebnissen von Lawrence und Lorsch sind offensichtlich. Erfolgreiche Unternehmen in der Plastikindustrie reagierten auf schnelle Veränderungen mit starker Differenzierung. Diese Differenzierung aber erzeugte ein starkes Bedürfnis nach Integration. Ebenso wird die Kreativitätsaufgabe am besten von getrennten Individuen ausgeführt, die individuellen Ergebnisse müssen dann aber integriert werden. Ob dieser Differenzierungsprozeß, dem die Integration folgt, der Mühe wert ist, wird von der Qualität der Umwelt abhängen. In einer Umwelt, in der es absolut lebensnotwendig ist, die bestmögliche Lösung zu erzielen, wäre es sicher der Mühe wert. Wenn aber irgendeine Anzahl neuer Ideen genügen würde oder wenn der Arbeitsaufwand für einen intensiven Suchprozeß unangemessen hoch wäre oder wenn Grund zu der Vorhersage besteht, daß ein bestimmtes Individuum mit größerer Wahrscheinlichkeit das Problem lösen wird, könnten weniger umständliche Verfahren angewandt werden.

Bei dem Vergleich von Gruppenleistung mit individueller Leistung haben wir uns der »Pseudo-Gruppen« als Richtlinie bedient. Dieses Verfahren schließt psychologische Annahmen ein, die explizit gemacht werden müssen. Pseudo-Gruppenergebnisse erhält man, indem man einfach die individuellen Ergebnisse zusammenfaßt. Die in dieses Verfahren eingebaute Annahme besteht darin, daß, wenn sich die Gruppe tatsächlich treffen würde, alle Mitglieder in gleichem Maße Einfluß auf die Bestimmung der Gruppenlösung hätten. Einige Argumente jedoch, die man oft zugunsten der Gruppenmethoden hören kann, lauten, daß diejenigen mit den besten Ideen in der Lage sein werden, andere von deren Wert zu überzeugen, wogegen diejenigen, deren Ideen das Problem nicht lösen, von den anderen lernen werden, warum ihre Ideen nicht geeignet sind. Die potentielle Leistung einer Gruppe sollte daher beträchtlich über dem Pseudo-Gruppenrichtwert liegen. Davis (1969) legt Untersuchungen vor, in denen die Gruppenleistung bei der Lösung verschiedener Probleme mit verschiedenen Richtwerten verglichen wird, die unterschiedliche Annahmen darüber enthalten, welchen Gebrauch eine Gruppe von den Fähigkeiten macht, die sie besitzt. Die Leistung näherte sich sehr stark dem »Gleichheits«-Richtwert an, bei dem ein Ergebnis geschaffen wurde, das auf der Annahme basierte, daß jedes Mitglied der Gruppe ein gleiches Mitspracherecht erhält. Die Leistung lag ständig unter dem »hierarchischen« Richtwert, bei dem ein Ergebnis geschaffen wurde, das von der Annahme ausging, daß die Mitglieder mit den besten Lösungen ihre Kollegen immer dazu überreden würden, diese zu akzeptieren.

Diese Ergebnisse sind interessant, sie teilen uns aber vielleicht mehr über das Wesen von Laborexperimentiergruppen mit als über die Wirkungsmöglichkeiten von Gruppen. Davis' Gruppen waren *ad hoc*-Gruppen ohne formal ernannte Führer. Es ist daher nicht sonderlich überraschend, daß ihre Leistung mit dem Gleichheitsrichtwert übereinstimmte. Wenn mehr Zeit zur Verfügung gestanden hätte, hätten sich effektivere Führungsstrukturen entwickeln können. Eine organisatorische Gruppe, die mit einem Problem konfrontiert wird, würde fast immer einen Führer haben, und dieser Führer würde häufig seine Aufgabe darin sehen, Gruppentalente zu mobilisieren, um mit dem Problem fertig zu werden. Es sind Untersuchungen darüber vonnöten, wie erfolgreich Führer bei der Ausführung dieser Aufgabe sein können. Durch die Konzentration auf führerlose Gruppen haben Studien auf diesem Gebiet unvermeidbar die Art und Weise herausgestrichen, in der soziale Vergleichsprozesse Leistung hemmen können, und den möglichen Einfluß der Führerschaft bei der Freisetzung von Gruppenpotentialen heruntergespielt.

Unstrukturierte Aufgaben

Bei den bisher untersuchten Aufgaben war es relativ leicht festzustellen, ob das Problem gelöst wird oder nicht. Selbst bei der Betrachtung des Kreativitätsproblems, das beim Brainstorming verwandt wurde, war es mit Hilfe von Sachverständigen möglich, die von den Versuchspersonen entwickelten Ideen zu bewerten. Viele Aufgaben, mit denen Gruppen konfrontiert werden, haben diese Eigenschaft nicht. Häufig ist eine Gruppe oder ein Individuum der Notwendigkeit ausgesetzt, sich für eine Handlungsweise zu entscheiden, obwohl für einige Zeit nicht klar sein wird, ob die richtige Entscheidung getroffen wurde. Im Falle von Gruppen des höheren Managements wird sich das vielleicht erst Jahre später herausstellen. In Kapitel 2 haben wir diskutiert, in welcher Weise Ambiguität das Bedürfnis nach sozialem Vergleich begünstigte. Wir können erwarten, daß soziale Vergleichsprozesse bei unstrukturierten Aufgaben immer wichtiger werden. Umgekehrt können wir, in Übereinstimmung mit Fiedlers Modell, erwarten, daß Führung eine schwierigere Aufgabe werden wird. Das wird zum Teil daran liegen, daß es für den Führer schwierig wird einzuschätzen, ob er Fortschritte macht oder nicht und zum Teil daran, daß die Gruppenmitglieder um so weniger die Initiativen des Führers zu akzeptieren bereit sein werden, je weniger sie eine direkte Verbindung zwischen seinen Handlungen und der Zielerreichung erkennen können. In einer derartigen Situation wird ein starker Druck herrschen, Gruppenkonsens als Kriterium für die Zielerreichung zu verwenden.

Risikobereitschaft. In den vergangenen Jahren sind von experimentell orientierten Sozialpsychologen sehr viele Untersuchungen über das Phänomen der sogenannten »Erhöhung der Risikobereitschaft« (riskyshift) vorgelegt worden. Tatsächlich war es in den späten 60er Jahren der beliebteste Einzelforschungsgegenstand. Das Phänomen wurde erstmalig von Stoner (1961) entdeckt. Seinen Versuchspersonen wurde ein Fragebogen vorgelegt, in dem zwölf hypothetische Situationen beschrieben wurden. In jeder dieser Situationen mußte jemand entscheiden, wieviel Risiko er in Kauf nehmen wollte. Nachdem Stoners Versuchspersonen entschieden hatten, welches Risiko sie als angemessen empfanden, diskutierten sie anschließend in einer Gruppe jedes der zwölf Probleme der Reihe nach und erreichten für jedes eine Gruppenentscheidung. Es ergab sich, daß die Gruppenentscheidungen bedeutend riskanter waren als der Durchschnitt der Einzelentscheidungen. Zweifelsohne fand dieses Ergebnis bei vielen Anklang, weil es der weitverbreiteten Ansicht zu widersprechen schien, daß Gruppen und Komitees von Natur aus konservativ sind. Man sollte aber lange zögern, bevor man schlußfolgert, daß das Ergebnis von Stoner irgend etwas Derartiges erkennen ließ. Die Hauptunterschiede zwischen Experimenten zur Erhöhung der Risikobereitschaft und einem Komitee bestehen darin, daß derartige Experimente mit führerlosen *ad hoc*-Gruppen durchgeführt werden, die gewöhnlich aus fünf Personen bestehen und gewöhnlich mit völlig hypothetischen Situationen konfrontiert werden. Andererseits sind Komitees von längerer Dauer, haben eine etablierte Führungsstruktur, sind größer und sehen sich häufig Entscheidungen gegenüber, die mit sehr realen Risiken verbunden sind.

Als experimentelles Phänomen ist die Erhöhung der Risikobereitschaft häufig repliziert worden, obgleich der Effekt gering ist, und er keineswegs bei allen Versuchspersonen sichtbar wird. Sein Auftreten sagt uns vielleicht nicht viel über die Risikobereitschaft in wirklichen Gruppen, nichtsdestoweniger können aber Studien, die diesen Effekt untersuchen, helfen aufzuklären, was in Gruppen geschieht, die mit unstrukturierten

Entscheidungen konfrontiert werden. Wenn untersucht wird, was diese Verschiebung zum Risiko hin erklären könnte, sollten besonders zwei Punkte beachtet werden:

(1) Forscher, die sich anderer Methoden zur Einschätzung des von den Versuchspersonen gutgeheißenen Risikogrades bedient haben, erhielten viel weniger konsistente Ergebnisse. In manchen Untersuchungen stellen sie eine Verschiebung zum Risiko hin fest, in anderen eine Verschiebung zur Vorsicht. Offensichtlich begünstigt irgend etwas in dem von Stoner benutzten Fragebogen den erzielten Effekt.
(2) Selbst bei dem Stonerschen Fragebogen haben zwei der zwölf Punkte nach der Diskussion ständig eine Verschiebung zur Vorsicht ergeben. Der Gesamteffekt beruht auf Verschiebungen zum Risiko, die die anderen zehn Punkte aufweisen.

Kogan und Wallach (1967), die den von Stoner benutzten Fragebogen entwickelt haben, argumentieren, daß es sich bei der Erhöhung der Risikobereitschaft um ein »Abschieben von Verantwortung« handelt. Damit meinen sie, daß jemand, wenn er sich einer Gruppe anschließt, mit den anderen die Verantwortung für die Ereignisse teilt. Folglich wird jedes Gruppenmitglied weniger vorsichtig sein, als das der Fall wäre, wenn es individuell handeln würde. Eine derartige Hypothese ist attraktiv, aber schwer in spezifischeren Formen auszudrücken. Gewiß, wenn ein Individuum sich einer Gruppe anschließt, setzt es sich dem Einfluß der Gruppe sowohl durch soziale Vergleichsprozesse als auch durch Kontrolleffekte aus. Aber die Hypothese vom Abschieben der Verantwortlichkeit macht nicht sehr deutlich, warum eine solche Beeinflussung immer in die Richtung eines erhöhten Risikos gehen sollte. *A priori* wäre es gleichermaßen plausibel, daß man beim Eintritt in eine Gruppe von anderen überzeugt würde, die sich auf die Werte der Vorsicht berufen. So wie die Dinge liegen, ist die Erklärung, die sich der Verantwortungsdiffusion bedient, nicht haltbar: Sie ist nicht in der Lage zu erklären, warum der Effekt meistens bei dem Fragebogen von Kogan-Wallach auftritt, warum er bei manchen Versuchspersonen auftritt, bei anderen nicht und warum er sich bei bestimmten Punkten dieses Fragebogens umkehrt. Eine überzeugendere Erklärung dieses Effektes liefert das Modell des sozialen Vergleichs, auf das in diesem Buch besonderer Wert gelegt worden ist. Eine Erklärung, die sich des sozialen Vergleichs bedient, würde folgendermaßen lauten: Der Fragebogen von Kogan-Wallach weist beträchtliche Mehrdeutigkeit auf. Auf den ersten Blick stellt die Versuchsperson fest, daß er sich auf Situationen bezieht, die ein Risiko mit sich bringen und daß er von ihr verlangt, ein annehmbares Risikoniveau auszuwählen unter Verwendung numerischer Risikomaße, wie zum Beispiel einer Mißerfolgswahrscheinlichkeit von 3 zu 10 oder einer Wahrscheinlichkeit von 5 zu 10 etc. Die Versuchsperson hat ein gewisses Bild von sich selbst als jemand, der Risiken eingeht oder als jemand, der in bestimmten Situationen vorsichtig ist. Sie ist aber nicht gewohnt, an Risiken in Form numerischer Wahrscheinlichkeiten zu denken. Sie trifft ihre Entscheidungen, ist sich dabei aber nicht sicher. Wenn sie an der Gruppendiskussion teilnimmt, ist sie froh über die Gelegenheit, ihre Bewertungen mit denen der anderen zu vergleichen. In der Gruppe stellt sie fest, daß ein ziemlich weiter Bewertungsbereich ausgewählt worden ist. Angenommen, bei unserer Versuchsperson handelt es sich um jemanden, der sich selbst als durchschnittlich risikobereit einschätzt: Er wird sich mit dem durchschnittlichen Gruppenmitglied vergleichen wollen. Bei manchen Themen stellt er fest, daß das durchschnittliche Gruppenmitglied für ein höheres Risiko eintritt, bei anderen dagegen sieht er es für Vorsicht eintreten. Dementsprechend wird er in der Gruppendiskussion zu Risiko oder Vorsicht tendieren. Sehr risikobereite oder sehr vorsichtige Versuchspersonen werden sich in ähnlicher Weise geeignete Vergleichspersonen aussuchen. Wir müssen noch erklären, warum zu Anfang getroffene Entscheidungen manchmal riskanter sind als der Sache angemessen wäre, und manchmal vorsichtiger. Die hierzu vorgeschlagene Antwort lautet, daß der Wortlaut von Items, bei denen sich letztlich eine Verschiebung zum Risiko zeigt, das Lohnende der Risikobereitschaft unterstreicht, wogegen der Wortlaut von Items, die eine Verschiebung zur Vorsicht bewirken, die Gefahren der Risikobereitschaft unterstreicht.

Die Literatur über die Erhöhung der Risikobereitschaft ist mittlerweile sehr umfangreich (Clark, 1971; Dion, Baron und Miller, 1970). Alles, was wir hier tun können, ist, auf einige wenige Studien hinzuweisen, die die Grundlage für die obige Interpretation liefern. Es wird besonders zu erwähnen sein, daß die Interpretation deutlich macht, warum wahrscheinlich gerade der Fragebogen von Kogan-Wallach den Effekt erzeugt. Madaras und Bem (1968) forderten ihre Versuchspersonen auf, Fragebögen zu vervollständigen, indem sie beschreiben sollten, wie ihrer Meinung nach jemand aussehen würde, der eine risikobereite oder vorsichtige Position zu jedem Item des Fragebogens von Kogan-Wallach einnähme. Sie stellten fest, daß bei den Items, die eine Verschiebung zum Risiko aufwiesen, diejenigen Personen günstiger eingeschätzt wurden, die das Risiko vorzogen. Aber bei den Items, die eine Verschiebung zur Vorsicht aufwiesen, wurden die Personen günstiger eingeschätzt, die Vorsicht bevorzugten. Die Richtung der Verschiebung hing demzufolge bei jedem Item mit der günstiger bewerteten Person zusammen. Wallach und Wing (1968) und verschiedene andere Forscher forderten Versuchspersonen auf zu raten, welche Entscheidungen andere Individuen im Durchschnitt getroffen haben würden, *bevor* sie die Gruppendiskussion begannen. Sie fanden heraus, daß bei Items, die sich zum Risiko hin bewegen, die meisten Personen sich als eher risikobereit als den Durchschnitt einschätzten; aber bei Items, die in Richtung Vorsicht gingen, schätzten sie sich als *weniger* risikobereit ein als den Durchschnitt. Es ist klar, daß nach Beginn der Diskussion die Versuchspersonen entdecken werden, daß sie nicht risikobereiter als der Durchschnitt sind. Folglich werden sie ihre Risikopräferenzen bei den risikoorientierten Items nach oben verschieben und bei den vorsichtorientierten Items nach unten.

Diese Studien illustrieren, wie soziale Vergleichsprozesse dazu verwandt werden können, Ergebnisse der Untersuchungen über die Erhöhung der Risikobereitschaft zu erklären. Wenn man zuerst von dem Effekt liest, scheint er sehr verschieden von — sagen wir einmal — den restriktiven Produktivitätsnormen des Bank-Wiring-Observation-Room zu sein. Bei näherer Untersuchung aber zeigt sich, daß beide Phänomene auf dem Prozeß des sozialen Vergleichs beruhen. In der Feldsituation der Bank-Wiring-Group verstärkt sozialer Vergleich die Stabilität, während unter experimentellen Bedingungen die anfänglich geringe Menge an Information es der Gruppendiskussion ermöglicht, Änderungen in Richtung auf das eine oder andere Extrem zu erzeugen.

Wie das bei vielen der in diesem Kapitel vorgetragenen Untersuchungen der Fall ist, waren die Forscher wenig an den Auswirkungen von Führerschaft interessiert. Nur wenige Studien (z. B. Marquis, 1962) haben die Wirkung von ernannten Führern in den Diskussionen untersucht, die eine Erhöhung der Risikobereitschaft zur Folge hatten. Es wurde nur eine geringe Wirkung festgestellt. Bis heute wissen wir sehr wenig über das Ausmaß, in dem Führer Richtung und Stärke sozialer Vergleichseffekte beeinflussen können.

Das Einführen von Veränderungen. Eine weitere Reihe unstrukturierter Aufgaben, anhand derer Gruppenleistung untersucht worden ist, befaßt sich mit dem Einführen von Veränderungen. Hier haben wir es nicht so sehr mit der Qualität der Entscheidung, die die Gruppe erreicht, zu tun, sondern damit, ob die Gruppe zu einer Entscheidung gelangt, die sie zu akzeptieren und durchzuführen bereit ist oder nicht. Das Interesse an dieser Frage wurde durch eine Reihe bemerkenswerter Feldexperimente von Lewin und seinen Kollegen während des 2. Weltkrieges geweckt (Lewin, 1958). In diesen Untersuchungen wurden Vergleiche zwischen Vorträgen und Gruppendiskussionen als Methoden angestellt, die Hausfrauen davon überzeugen sollten, verschiedene neue Verhaltensweisen anzunehmen. Es ergab sich, daß Gruppendiskussionen eine viel überzeugendere Wirkung hatten. In einer Untersuchung zum Beispiel probierten 32 % der Hausfrauen nach einer Diskussion ein neues Fleischgericht aus, aber nur 3 % nach einem Vortrag. Eine andere klassische Studie auf diesem Gebiet ist die von Coch und French (1948), die verschiedene Methoden zur Einführung veränderter Arbeitsverfahren bei den in der Harwood-Pyjama-Fabrik in West Virginia arbeitenden Mädchen verglichen. Sie fanden heraus, daß Mädchen, wenn sie einzeln versetzt wurden, zum Kündigen neigten; wurden Gruppen von Mädchen zusammen versetzt, neigten sie dazu, sich zu beschweren und die Produktivität einzuschränken; wenn aber vor der Versetzung Gruppendiskussionen mit den Mädchen veranstaltet wurden, akzeptierten sie die Veränderungen und neigten sogar dazu, auf einem höheren Niveau zu arbeiten als vorher.

Was hier im Sinne des Modells vom sozialen Vergleich vermutlich geschieht, ist, daß die Einführung von Veränderungen potentiell bedrohend wirkt und deshalb das Bedürfnis nach sozialem Vergleich steigert. Die Methoden, nach denen Veränderungen individuell eingeführt werden, verhindern sozialen Vergleich und sind daher ineffektiv. Die Gruppenversetzungsmethode gestattet sozialen Vergleich, versäumt es aber, für einen Mechanismus zu sorgen, mit Hilfe dessen die Mädchen ihre Befürchtungen bezüglich des neuen Systems mit dem Management diskutieren könnten. Das Gruppendiskussionsverfahren erlaubt sozialen Vergleich und sorgt für geeignete Führung durch die Gruppendiskussionen. Diese Studien untersuchen deshalb nicht nur die Auswirkungen der Gruppenarbeit im Vergleich zu individuellem Arbeiten, sondern auch die Auswirkungen der partizipativen Führungsstile. Die Autoren dieser Studien weisen in der Tat eine enge Verbindung zu den Michigan-Forschern auf, deren Führungsmodell in Kapitel 3 untersucht wurde. In diesem Kapitel zogen wir die Schlußfolgerung, daß der wirksamste Führungsstil je nach Situation variiert. Wir sollten deshalb nicht erwarten, daß das Verfahren von Coch und French in allen Situationen reproduzierbar ist. Es könnte sich zum Beispiel herausstellen, daß in allen Situationen, in denen Veränderungen erwartet werden, ein starkes Bedürfnis nach sozialem Vergleich besteht, das durch Teilnahme an Diskussionen befriedigt werden kann; daß aber in manchen Situationen die Ziele des Managements und der Beschäftigten so divergieren, daß das Management nicht in der Lage sein mag, sich bezüglich neuer Verfahren mit den Beschäftigten zu einigen. In der Untersuchung von Coch und French war der Konflikt offenbar klein genug, um eine Einigung zu ermöglichen.

Von French, Israel und Ås (1960) wurde der Versuch unternommen, die Studie von Coch und French zu replizieren. Die Untersuchung wurde

in einer norwegischen Schuhfabrik durchgeführt. Die angewandten Beteiligungsverfahren erwiesen sich bei der Einführung von Änderungen nicht als effektiver als weniger partizipative Verfahren. Die Forscher stießen auf beträchtliche Schwierigkeiten bei dem Versuch, die Zusammenarbeit des Managements und der Arbeiter zu gewinnen. Das Management stand nicht völlig hinter dem Experiment und schränkte es auf mehr periphere Aspekte der Veränderungen ein; die Arbeiter ihrerseits waren argwöhnisch und glaubten nicht, daß Gruppenmethoden zur Erreichung von Entscheidungen in ihrer Situation legitim seien. Demgemäß scheint es drei konfligierende Gruppen von Erwartungen in bezug darauf gegeben zu haben, wie sich das Mangement in diesem Experiment hätte verhalten sollen — die Erwartungen der Forscher, die der Arbeiter und die des Mangements selbst. Die Folge davon war nicht so sehr, daß Beteiligung versucht wurde und nicht funktionierte, sondern, daß sie nicht vollständig getestet wurde. Die Einstellungen des Managements und der Arbeiter in der Situation machen es wahrscheinlich, daß die Beteiligung nicht funktioniert hätte, selbst wenn sie in umfassenderer Weise versucht worden wäre.
Das Mißlingen der Studie von French u. a. im Gegensatz zur Studie von Coch und French kann als rechtzeitige Mahnung dienen, daß die Bedingungen für Erfolg oder Mißerfolg solcher Gruppenverfahren nicht allein innerhalb der Gruppen selbst liegen. Der kulturelle Zusammenhang, innerhalb dessen sie angewandt werden, ist gleichermaßen wichtig. Das schließt alle Grundlagen für sozialen Vergleich und soziale Kontrolle, die innerhalb einer bestimmten Gemeinschaft üblich sind, ein. Hulin und Blood (1968) haben einen Überblick über den Erfolg verschiedener Programme zur »Arbeitserweiterung« (job enlargement) gegeben, d. h. Versuchen, in stärkerem Maße Verantwortung und Aufgabenvielfalt mit dem Arbeiter zu teilen. Sie kommen zu dem Schluß, daß solche Programme keineswegs immer erfolgreich sind. Die erfolgreichsten Versuche scheinen die zu sein, bei denen die Teilnehmer mittelständischen Berufen oder der Klasse der Landarbeiter entstammten. Städtische Arbeiterpopulationen haben nicht günstig auf Programme der Arbeitserweiterung reagiert. Hulin und Blood nehmen an, daß die Werte der Mittelschicht eine erhöhte Arbeitsbeteiligung begünstigen, während das bei den Werten der Arbeiterklasse nicht der Fall ist. Die Klasse der Landarbeiter jedoch, so behaupten sie, ist nicht zahlreich genug, um von den Mittelschichtwerten, die in ihren Gemeinschaften herrschen, abweichende Werte zu entwickeln. Von unserem Standpunkt aus gesehen würde das bedeuten, daß Gelegenheiten zu sozialem Vergleich und sozialer Kontrolle in der städtischen Arbeiterklasse viel zahlreicher sind als in

der Klasse der Landarbeiter. Das wird nicht nur ein höheres Niveau gewerkschaftlicher Organisation zur Folge haben, sondern auch einen höheren Grad an Übereinstimmung bezüglich dessen, was in einer bestimmten Situation erwünscht ist.

Bei den Studien, die sich partizipativer Formen der Einführung von Veränderungen bedienten, hat es sich in der Hauptsache um Feldstudien gehandelt. Das bedeutet, daß es oft schwierig ist, sicher zu sein, welche Aspekte einer bestimmten Situation für den Erfolg oder Mißerfolg der Beteiligung entscheidend sind. Bennett (1955) versuchte, einige der Komponenten in einer Laboruntersuchung zu bestimmen. Sie kam zu dem Ergebnis, daß Studenten dann mit größerer Wahrscheinlichkeit freiwillig bei Experimenten mitmachten, wenn von ihnen verlangt wurde, zu einer klaren Entscheidung zu kommen, und wenn sie merkten, daß die Mehrheit der anderen sich freiwillig beteiligte. Es wurde nicht festgestellt, daß ein Überzeugungseffekt eher durch Gruppendiskussion als durch Vorträge oder eher durch öffentliche als durch private Verpflichtung zustande kam. Lowin (1968) glaubt, daß Bennetts Untersuchung vielleicht ziemlich oberflächlich war; außerdem war die Entscheidung, mit der die Versuchspersonen konfrontiert wurden, sicherlich sehr viel trivialer als in den Feldstudien. Unter diesen Bedingungen ist es möglich, daß Versuchspersonen alle notwendigen sozialen Vergleichsdaten ohne Gruppendiskussion oder öffentliche Verpflichtung erhielten. Der Leser wird sich noch daran erinnern, daß die Versuchspersonen in Schachters (1959) Schockexperimenten feststellten, daß ihnen bereits das Zusammensein mit anderen genügend Hinweise lieferte.

Ein Thema dieses Kapitels war das erhöhte Bedürfnis nach sozialem Vergleich, das Menschen angesichts von Ungewißheit oder Veränderung haben. Wenn sie mit anderen zusammen sind, beeinträchtigt das bei manchen Aufgaben ihre Fähigkeit, schnell zu arbeiten, läßt sie aber dem Einfluß anderer Personen gegenüber offener sein. Wenn Menschen ihre Bedürfnisse nach sozialem Vergleich befriedigen können, kann man folgern, daß eine größere Möglichkeit zu anpassungsfähiger sozialer Veränderung besteht, zumindest wenn dieser Vergleich zeigt, daß die Veränderungen mit ihren Zielen konsistent sind. Wenn wir noch einmal auf die Arbeit von Lawrence und Lorsch zurückblicken, können wir eine Hypothese aufstellen, warum es sich bei den erfolgreichen Plastikunternehmen um die am höchsten differenzierten Unternehmen gehandelt hat. Ihr Erfolg sollte auf der Tatsache beruhen, daß in jedem Bereich dieser Unternehmen die Angestellten soziale Vergleiche mit anderen anstellen konnten, die mit den gleichen Problemen konfrontiert waren. Aufgrund dieser Vergleiche könnte es ihnen möglich sein, flexible Anpassungsformen an die Situationen, denen sie ausgesetzt waren, zu entwickeln. Die Anpassungsformen werden wahrscheinlich in der Differenzierung und Spezialisierung einzelner Handlungen als Reaktion auf die variierenden Erfordernisse der Umwelt bestehen. Im Gegensatz dazu würde die geringe Differenzierung in den nicht erfolgreichen Unternehmen den Angestellten soziale Vergleichspersonen aufdrängen, die mit ganz anderen Problemen konfrontiert werden. Die Folge davon wird Inflexibilität und Angst sein.

Der Anstoß zu der in diesem Kapitel überblickartig dargebotenen Arbeit ging ursprünglich von dem Wunsch aus zu klären, welche Arten von Aufgaben am wirkungsvollsten von Gruppen und welche von Individuen ausgeführt werden. Eine vorläufige Antwort auf diese Frage kann folgendermaßen formuliert werden: Routinearbeiten und Aufgaben, die Arbeitsteilung erfordern, werden am besten kollektiv erledigt, während innovatorische Aufgaben am besten individuell ausgeführt werden. Wo mehr das Akzeptieren einer Änderung als das tatsächliche Ersinnen von Veränderungen von Bedeutung ist, können vorsichtig Gruppenmethoden angewandt werden. Unsere Einschätzung des Problems hat sich während der Jahre, in denen die Forscher diese Antworten gefunden haben, auch gewandelt. Ob die Arbeit kollektiv oder individuell ausgeführt werden sollte, wird nicht mehr als das Hauptproblem angesehen: In großen Organisationen ist es oft unvermeidbar, daß ein Problem kollektiv angepackt wird, weil seine Lösung eine große Zahl verschiedener Personen betrifft. Deshalb lautet die Frage, die wir nun gern aufwerfen möchten, eher folgendermaßen: Was wissen wir über die Eigenschaften von Gruppen, die an verschiedenartigen Aufgaben arbeiten, damit wir optimale Führungsstrukturen für sie finden können? Auf diese Frage gibt es gegenwärtig wenig eindeutige Antworten. Die bisherige Forschung läßt erkennen, auf welche Weise soziale Vergleichsprozesse Gruppenleistung bei verschiedenen Aufgaben vermitteln. Der Einfluß unterschiedlicher Führungsstile auf diese Prozesse ist aber wenig begriffen worden.

Die Auswirkungen von Führerschaft

Maier und Hoffman (1960) legten eine Anzahl von Studien vor, die etwas Licht auf die Möglichkeiten verschiedener Führungsstile werfen. Sie verglichen bei verschiedenen Gruppenentscheidungsaufgaben die Wirkung der »strukturierten Diskussion« (developmental discussion) mit der freien Diskussion. Nach dem Verfahren der strukturierten Diskussion stellt der Führer eine Reihe von Unterzielen auf, welche die Gruppe während des Problemlösungsprozesses erreichen soll. Bei den meisten der verwendeten Probleme handelte es sich um »Human Relations«-Probleme. Maier und Hoffman kamen zu dem Ergebnis, daß Führer, die in der strukturierten Diskussion geschult worden waren, sehr viel mehr Erfolg dabei hatten, zu hochqualifizierten Entscheidungen zu kommen als Führer, die sich der freien Diskussion bedienten. Sie definierten eine hochqualifizierte Entscheidung durch den Grad, in dem Gruppen ihre Entscheidung auf präsentierte Fakten gründeten. Hier gibt es zwangsläufig einen gewissen Argumentationsspielraum, nämlich ob das, was Forscher als hochqualifizierte Entscheidung betrachten, auch anderen als solche erscheint. Wir können zumindest vermerken, daß die Arbeit von Maier und Hoffmann zweifellos zeigt, wie Führer, die in der Anwendung spezieller Methoden geschult werden, das Ergebnis einer Gruppenarbeit radikal verändern können.

Bouchard (1969) verglich sowohl verschiedene Arten von Gruppenverfahren als auch individueller Arbeit beim Lösen eines Kreativitätsproblems. Wie andere vor ihm stellte er fest, daß Individuen kreativer als Gruppen waren, wenn ein Pseudo-Gruppenrichtwert zugrunde gelegt wurde. Er kam aber außerdem zu dem Ergebnis, daß Gruppen, die unter Brainstorminganweisungen arbeiteten, wesentlich kreativer waren als Gruppen, die mit kritischen Problemlösungsverfahren arbeiteten. Die Schlußfolgerungen, die man aus diesem Ergebnis ziehen kann, ähneln denen aus der Arbeit von Maier und Hoffman. In Situationen, in denen die Erledigung einer Aufgabe zwangsläufig in Gruppen erfolgen muß, ist es möglich, einige Hindernisse der Gruppenarbeit mit Hilfe geeigneter Führung und geeigneter Verfahren zu überwinden.

Es ist interessant, diese experimentellen Ergebnisse mit Ergebnissen aus relevanten Organisationen zu vergleichen. Pelz und Andrews (1966), Mitglieder der Likertschen Forschungsgruppe in Michigan, untersuchten das Management von Forschungslabors. Diese Organisationen forschten und entwickelten im Auftrag der U.S.-Regierung. Wenn Bouchards experimentelle Ergebnisse im Feld repliziert werden sollten, müßte man das Ergebnis erwarten, daß die Labors am produktivsten waren, in denen die Forscher möglichst frei von Bewertung und administrativer Detailarbeit waren. Es bestehen natürlich ungeheure Probleme bei der Einschätzung der Leistungsqualität einer Forschungsorganisation. Pelz und Andrews verwandten sowohl relativ objektive Maße, wie zum Beispiel die Anzahl der Veröffentlichungen, die vielleicht nicht immer eine gültige Bewertungsgrundlage liefern, als auch mehr subjektive Beurteilungen von Kollegen. Unter Berücksichtigung der Grenzen solcher Meßverfahren bestanden ihre Ergebnisse darin, daß diejenigen Forschungslaboratorien produktiv waren, in denen die Forscher sowohl Autonomie in bezug auf die Vorgehensweise besaßen, *als auch* in ständiger Kommunikation mit Vorgesetzten und Kollegen standen. Auf diese Weise konnten sie den zu lösenden Problemen auf der Spur bleiben, ohne zu sehr bei der Handhabung des Problems eingeschränkt zu sein. Dieses Resultat ruft noch einmal die Arbeit von Lawrence und Lorsch in Erinnerung. Effektive Forschungsüberwachung scheint da zu gelingen, wo hohe Differenzierung gegeben ist (freizügige Überwachung gestattet dem Forscher starke Kontrolle über die Richtung seiner Forschung), verbunden mit hoher Integration (der Überwachende und andere stehen in ständigem Kontakt).

Wir haben jetzt untersucht, in welcher Weise die Interaktion zwischen Umwelt und sozialem Prozeß bestimmt, daß gewisse Aufgaben am besten mit Hilfe differenzierter Strukturen durchgeführt werden. Die Arbeit von Pelz und Andrews läßt erkennen, daß es wahrscheinlich alles andere als leicht ist, zu einer geeigneten Mischung aus Differenzierung und Integration zu gelangen. Der einfachere Teil der Gleichung ist vielleicht, Differenzierung zu bewerkstelligen; Gruppen und Organisationen sind stark von Spaltung und Teilung bedroht. Das Problem besteht darin, ganz bestimmte gewünschte Differenzierungen zu erzielen, anstelle irgendwelcher anderer, und Wege für eine Integration dieser unterschiedlichen Bereiche zu schaffen. Im nächsten Kapitel werden wir uns vorwiegend der Frage der Beziehungen zwischen Gruppen zuwenden. Integrationsprobleme existieren auch innerhalb einzelner Gruppen, sind aber am deutlichsten in Beziehungen zwischen Gruppen zu beobachten.

Zusammenfassung

Die Anwesenheit anderer Personen kann leistungssteigernd wirken, sofern man mit einer vertrauten Aufgabe beschäftigt ist, oder sie vermag leistungsmindernd zu wirken, sofern die Aufgabe neu ist. Bei einem Vergleich der Leistung von Gruppen und Individuen sollte man die pro Person aufgewandten Arbeitsstunden konstant halten und nicht vergessen, den Aufwand in Betracht zu ziehen, der bei der Integration getrennter Ergebnisse entsteht. Wenn das berücksichtigt wird, schneiden Gruppen eindeutig bei Routineaufgaben am besten ab und dann, wenn Arbeitsteilung möglich ist. Individuen schneiden am besten ab, wenn Neues oder Kreativität gefragt ist.

In Gruppen mit unstrukturierten Aufgaben werden soziale Prozesse wichtiger. Wenn Menschen unsicher sind, schließen sie sich wahrschein-

lich dem wirklichen oder angenommenen Gruppenkonsensus an. Sie werden wahrscheinlich bereitwilliger Veränderungen akzeptieren, wenn diese Veränderungen ihrem Interesse entsprechen und weniger bereitwillig, wenn das nicht der Fall ist.
Oft besteht keine Möglichkeit, zwischen der kollektiven oder der individuellen Lösung von Aufgaben zu wählen. Deshalb ist es fruchtbarer zu untersuchen, wie Führer das beste aus den Umständen, mit denen sie konfrontiert werden, machen können. Es deutet einiges darauf hin, daß ein Führer die Leistung steigern kann, indem er die Gruppe ermutigt, für ihre Aufgaben geeignete Verfahren zu übernehmen.

6
Das Problem der Integration

Bei der Analyse des sozialen Vergleichsprozesses in Gruppen wurde betont, wie Menschen sich oft soziale Vergleichsobjekte aussuchen, die ihnen ziemlich ähnlich sind. Das Hauptmerkmal der meisten Organisationen ist ihre Größe und Verschiedenartigkeit. Die Angestellten unterscheiden sich wesentlich, was Alter, Dienstalter, Fähigkeiten, soziale Schicht, Interessen und manchmal sogar Sprache betrifft. Eine große Organisation umfaßt deshalb zwangsläufig eine große Anzahl separater Zentren sozialen Vergleichs, die bis zu einem gewissen Grad unvereinbar miteinander sind. In früheren Kapiteln haben wir bereits Likerts Hinweis besprochen, daß Manager als Bindeglieder zwischen den verschiedenen Untergruppen aufgefaßt werden sollten, und wir haben auch darüber berichtet, wie manche Organisationen eine merklich höhere Differenzierung erreichen als andere. In allen Organisationen ist das Problem der Integration von großer Bedeutung. Das Problem entsteht nicht infolge persönlicher, charakteristischer Eigenarten oder infolge bestimmter nicht zur Kooperation bereiter Individuen: Es ergibt sich aus dem Prozeß des sozialen Vergleichs und der daraus folgenden Entwicklung der Gruppenloyalität.

Das Auftreten von Konflikten

Wir wollen damit beginnen, das Wesen des Problems zu untersuchen. Gross, Mason und McEachern (1958) stellten eine Untersuchung über Schulinspektoren im Staate Massachusetts an. Ein Schulinspektor zeichnet sich dadurch aus, daß er für alle Schulen eines bestimmten Distrikts, nicht für eine einzelne Schule, verantwortlich ist. Das Interesse von Gross u. a. galt der Rolle von Schulinspektoren. Sie stellten fest, daß es nicht möglich war, die »Rolle« der Schulinspektoren zu beschreiben, wenn man unter Rolle die Summe übereinstimmender Verhaltensvorschriften für Inspektoren versteht. Sie hielten es für nützlicher, die Rolle von den Erwartungen all der Leute her zu definieren, die das Verhalten des Rolleninhabers zu beeinflussen suchen. Im Falle der Schulinspektoren schloß das Schuldirektoren, die Schulbehörde, Eltern-Lehrer-Verbände, einzelne Lehrer, lokale Kommunalpolitiker, Sekretäre usw. ein. Die meisten Leute hatten ziemlich unterschiedliche Vorstellungen davon, wie sich

Schulinspektoren ihrer Meinung nach am besten verhalten sollten. Das Verhalten der Inspektoren konnte sich daher nicht an einem allgemeinen Konsensus darüber, wie sie sich zu verhalten hätten, orientieren. Im Gegenteil: Sie mußten sich entscheiden, wie sie die auf sie ausgeübten, scheinbar unversöhnlichen Zwänge, sich genau entgegengesetzt zu verhalten, in Einklang bringen wollten. Gross u. a. berichten, daß ihre 105 Inspektoren sehr häufig konfligierenden Forderungen verschiedener Personen ausgesetzt waren, welche die folgenden vier von ihnen näher untersuchten Punkte betreffen:

53 % erlebten Konflikte wegen der Zeitverteilung;
71 % erlebten Konflikte wegen Einstellung und Beförderung;
88 % erlebten Konflikte wegen Gehaltsempfehlungen für Lehrer;
91 % erlebten Konflikte wegen Etatempfehlungen.

Die Geschicklichkeit, mit der die Inspektoren diese und andere Konflikte handhabten, wäre dann als eine Hauptkomponente ihrer Effektivität als Inspektoren auszumachen. Im Sinne der weiter oben entwickelten Begriffe handelten die Inspektoren als Bindeglieder oder befaßten sie sich mit dem Prozeß organisatorischer Integration. Gross u. a. analysierten, wie die Inspektoren das zu leisten versuchten. Sie kamen zu dem Ergebnis, daß es möglich sei, die Orientierungen der Inspektoren auf einer Skala von »moralisch« bis »zweckmäßig« einzustufen. Wenn sie an einem bestimmten Punkt mit einem Konflikt konfrontiert wurden, pflegten die moralisch orientierten Inspektoren auf die Geltung eines geeigneten universalen Prinzips zu vertrauen. Dieses konnte dazu dienen, denen, deren Forderungen abgelehnt wurden, zu erklären, warum die Ablehnung notwendig war. Das andere Extrem stellten die praktisch orientierten Inspektoren dar, welche die relative Macht der verschiedenen, sie bedrängenden Gruppen gegeneinander abzuwägen und in diesem Lichte einen Kompromiß vorzuschlagen pflegten. Viele Inspektoren verhielten sich so, daß man sie zwischen diesen extremen Positionen ansiedeln konnte.

Gross u. a. wählten für die Studie eine einzelne, ziemlich spezialisierte Rolle aus. Es ist wichtig zu wissen, ob ihre Ergebnisse möglicherweise auf einen breiten Rollenbereich anwendbar sind oder nicht. Kahn u. a. (1964) führten Untersuchungen durch, die diesen Punkt klären sollten. Im ersten Teil ihrer Studie untersuchten sie eine repräsentative Stichprobe der beschäftigen US-Arbeitskräfte. Sie stellten fest, daß ein hoher Anteil der 725 untersuchten Personen sowohl von Konflikten zwischen den von verschiedenen Personen an sie gestellten Forderungen berichteten als auch von Ambiguität und Spannung bezüglich der tatsächlichen Bedeutung einiger dieser Forderungen. Über die Rollenprobleme von 53 Industriemanagern wurde eine eingehendere Untersuchung durchgeführt. Konfligierende Forderungen wurden häufiger auf höheren Ebenen innerhalb der Organisation und bei denen festgestellt, deren Tätigkeiten es erforderlich machten, Organisationsgrenzen zu überschreiten. Das traf sowohl auf diejenigen zu, die die Grenzen zwischen einem Ressort und einem anderen überschritten als auch auf diejenigen, deren Aufgabe es war, aus der Organisation hinauszugehen und Kontakte zu Kunden, Lieferanten oder Klienten herzustellen. Diese Ergebnisse machen deutlich, daß es nicht zu verwundern braucht, wenn Schulinspektoren eine Menge Rollenkonflikte erleben. Bei ihren Positionen handelt es sich um höhere Positionen, und es kommt bei ihnen häufig zu Grenzüberschreitungen.

Kahn u. a. waren auch daran interessiert, wie ihre 53 Manager die Konflikte beilegten, mit denen sie sich konfrontiert sahen. Ihre Analyse ist komplex und brauchbar. Ein wesentliches Ergebnis besteht darin, daß die Konflikte oft überhaupt nicht beigelegt wurden. Wenn die beiden konfligierenden Parteien nicht stark voneinander abhängig waren, fanden sie es oft weniger schwierig, den Konflikt zu vermeiden, als ihn beizulegen. Nur dann, wenn die Unterlassung der Konfliktbeilegung eine direkte und offensichtliche Wirkung auf die Fähigkeit des Rolleninhabers hatte, effektive Arbeit zu leisten, war genügend Antrieb vorhanden, den Konflikt auszutragen. Konfliktvermeidung mag die Effektivität der Organisation oft vermindern, es ist aber oft nicht leicht, diese Auswirkungen konkret einzuschätzen. Andererseits kann Konfliktvermeidung oft wenigstens kurzfristige Vorteile für das Individuum mit sich bringen. Kahn u. a. stellten fest, daß mehr als durchschnittlich neurotische, introvertierte oder flexible Manager anfälliger für Streß waren und daher mit größerer Wahrscheinlichkeit Konflikte vermieden.

Auf lange Sicht gesehen verschlimmert Konfliktvermeidung oft eine Situation. Indem sie die Kommunikation reduzieren, die für den Konflikt relevant ist, sorgen die Beteiligten dafür, daß ihre Positionen differenzierter werden und das Problem der Integration akuter wird.

Kahn u. a. fanden heraus, daß sich die Versuche, Konflikte beizulegen, je nach der organisatorischen Beziehung, die zwischen den Parteien bestand, unterschieden. Wenn eine Partei organisatorisch der anderen übergeordnet war, orientierte sich die Konfliktlösung eher an Vorschriften, d. h. sie beruhte auf dem Recht der einen Partei, der anderen Verhaltensmaßregeln zu erteilen. Dieses Konfliktlösungsverfahren ähnelt vermutlich dem, was Gross u. a. »moralische« Lösungen nannten. Bestanden andererseits Konflikte zwischen Parteien, von denen keine der anderen an

Macht überlegen war, wurde häufiger an Freundschaft appelliert und auf technische Sachkenntnis zurückgegriffen. In derartigen Situationen werden praktische Konfliktlösungen stärker im Vordergrund stehen. Konfliktlösung innerhalb eines Autoritätsverhältnisses ist weiter oben, in Kapitel 3, untersucht worden, wo begonnen wurde, auf die Bedingungen hinzuweisen, unter denen bestimmte Führungsstile mehr oder weniger effektiv sein werden. Im vorliegenden Kapitel liegt das Gewicht mehr auf Konfliktlösung in Situationen, in denen keine Machtbefugnis das Konfliktlösungsverfahren vorschreibt. Solche Situationen sind Beziehungen zwischen Mitarbeitern einer Organisation, zwischen Abteilungen oder zwischen autonomen Organisationen, die nichtsdestoweniger voneinander abhängen, wie zum Beispiel das Management und Gewerkschaften. Derartige Konflikte sind vielleicht dann besonders ernst und dauern lange an, wenn jede Partei soziale Vergleiche mit irgendwelchen berufs- oder schichtbedingten Vergleichsgruppen anstellt. Als klassischer Fall in der industriellen Organisation dient der Stab-Linienkonflikt, bei dem sich ein Spezialist und ein Generaldirektor in Konflikt befinden (Dalton, 1959). Der Generaldirektor identifiziert sich mit der Organisation, während der Spezialist sich mit anderen Angehörigen seines Berufszweiges vergleicht und es ablehnt, die Autorität des Linienmanagers zu akzeptieren. Für die Untergebenen ist es unmöglich, zwischen dem Fachwissen des Spezialisten und der Autorität des Managers zu wählen. In Strafanstalten gibt es ständig Konflikte zwischen Personen, die sich den Gruppen mit Bestrafungs- und Bewachungszielen zurechnen, und Personen, die therapeutische Ziele verfolgen (Zald, 1962). In Krankenhäusern mag es zu vielen außergewöhnlich schwierigen Konflikten zwischen Ärzten, Krankenschwestern, Verwaltungsbeamten, Sozialarbeitern, Beschäftigungstherapeuten, Psychologen und anderen kommen, weil jeder unterschiedliche und konfligierende Identifizierungen mit beruflichen Bezugsgruppen unterhält. Die Reorganisation des Sozialwesens in Großbritannien hat kürzlich ebenfalls ähnliche Konflikte deutlich gemacht. Eine derartige Komplexität macht es dem Forscher nicht leicht, wenn er experimentelle Methoden anwenden will.

Die Entstehung von Konflikt zwischen Gruppen innerhalb natürlicher Feldexperimente ist von Sherif (1967) anschaulich dargestellt worden. Er leitete eine Reihe von Sommerzeltlagern für männliche Jugendliche. Die Jungen wurden zwei verschiedenen Gruppen zugeteilt und für ein paar Tage getrennt gehalten. Mit Hilfe von Wettkampfspielen wurde die Entstehung einer Konkurrenzbeziehung zwischen den beiden Gruppen gefördert. Wenn ein festes Feindverhältnis zwischen den Gruppen hergestellt war, testete Sherif verschiedene Konfliktlösungsverfahren.

Seine Theorie lautete, daß Kommunikation allein zwischen den Parteien eher dazu dienen würde, den Konflikt zu steigern als ihn zu reduzieren, da jede Gruppe mittlerweile ihren eigenen Erfolg am Versagen oder an der Demütigung der anderen Gruppe maß. Praktisch stellt jede Gruppe soziale Vergleiche mit der anderen Gruppe an und kontrastiert die eigenen Tugenden mit den Fehlern der anderen. Sherif postulierte, daß dieser Konflikt nur gelöst werden kann, wenn die Zielstruktur der Situation modifiziert wird. Wenn sich »übergeordnete« Ziele ergeben, zu deren Erreichung eine gemeinsame Anstrengung erforderlich ist, werden divergierende, konkurrierende Ziele zurücktreten. Beispiele übergeordneter Ziele, für die Sherif in seinen Camps sorgte, waren das Zusammenbrechen der Wasserversorgung des Camps, was eine kollektive Suche nach dem Fehler nötig machte und die Panne an einem für Ausflüge benutzten Lastwagen, die es notwendig machte, daß alle am gleichen Strang zogen, um ihn wieder in Gang zu bringen. Immer wenn eine Reihe solcher übergeordneter Ziele gesetzt wurde, reduzierte sich der Konflikt zusehends und die beiden Gruppen begannen, sich zusammenzuschließen.

Sherifs Konfliktmodell besitzt den Vorzug der Klarheit. Innerhalb dieses Rahmens kann man annehmen, daß die Inspektoren bei Gross u. a. von dem einen oder anderen übergeordneten Ziel Gebrauch machten, indem sie sich entweder auf weitverbreitete moralische Werte wie die Unterstützung von Fairneß und Gerechtigkeit oder auf das praktische Ziel beriefen, irgendeine Form der Übereinstimmung zu erreichen, um das Schulsystem funktionsfähig zu erhalten. Eine derartige Analyse ist plausibel; da es sich aber ganz um eine *Post-hoc*-Analyse handelt, überprüft sie Sherifs Annahme nicht wirklich. Wenn man dementsprechend Kahns u. a. Ergebnisse, daß viele Konflikte überhaupt nicht gelöst werden, nochmals prüft, können diese wahrscheinlich dahingehend interpretiert werden, daß nicht genügend zwingende übergeordnete Ziele zur Hand waren oder, was wahrscheinlicher ist, daß niemand da war, der für ihre Relevanz plädierte. Immerhin lösten Sherifs Jungengruppen ihre Konflikte nicht selbst; das entschlossene Eingreifen eines Dritten, nämlich des mächtigen Versuchsleiters — Sherifs selbst — war erforderlich.

Der ganzen Forschung, auf die wir uns bisher in diesem Kapitel bezogen haben, liegt eine wichtige Implikation zugrunde, nämlich, daß Konfliktlösung ein positiver Wert ist. Konflikt wird als ein weitverbreitetes Phänomen betrachtet, das aber von der Organisation reduziert, gelöst, integriert oder gemanagt werden muß. Eine solche Einstellung impliziert, daß die Gesamteffektivität der Organisation immer Vorrang haben sollte vor den Individuen oder den Untergruppen, aus denen sie zusammengesetzt ist. Kahn u. a. stehen der Konfliktvermeidung kritisch gegenüber. Derartige Konfliktvermeidung schränkt sehr wahrscheinlich die Effektivität von Organisationen ein, ebenso mag sie aber die Autonomie oder psychische Gesundheit derer, die aufgrund solcher Konflikte Streß ausgesetzt sind, bewahren. Forscher, die sich mit Konflikt und Integration befassen, sollten besser *sowohl* die Effektivität von Methoden zur Erreichung organisatorischer Integration — falls sie von beiden Seiten gewünscht wird — studieren *als auch* die Effektivität von Verhandlungsmethoden in Situationen, in denen Ziele in ständigem Konflikt miteinander stehen und Integration nicht von beiden Seiten erwünscht ist. In der zeitgenössischen Gesellschaft treten häufig beide Arten von Situationen auf.

Effektive Verhandlungsverfahren

Es sind viele Laboruntersuchungen über die Effektivität der verschiedenen Verhandlungsverfahren oder -strategien durchgeführt worden. In diesen Untersuchungen verhandeln die Versuchspersonen gewöhnlich auf der Basis einer einfachen Gewinnmatrix (pay-off matrix) mit einem anderen Individuum. Als häufigstes Schema wurde die »Gefangenendilemma«-Matrix verwandt. Diese setzt das Individuum dem Konflikt aus, ob es versuchen soll, eine auf Zusammenarbeit beruhende Beziehung zu den anderen zu entwickeln. Die Matrix ist so konstruiert, daß beide Parteien verlieren, wenn beide versuchen, auf Kosten des anderen zu gewinnen. Das wird aus Tabelle 2 ersichtlich. Wenn Spieler 1 B wählt und Spieler 2 D, erzielen beide ein negatives Ergebnis. Innerhalb dieser besonderen Matrix besteht deshalb die einzige lebensfähige Strategie auf lange Sicht darin, zu einer Zusammenarbeit mit dem anderen Spieler zu gelangen.
Das erweist sich jedoch als außerordentlich schwierig. Ein Grund dafür ist wahrscheinlich die Tatsache, daß auf kurze Sicht die einzige Möglichkeit, wie sich ein Spieler dagegen wehren kann, von dem anderen ausgebeutet zu werden, darin besteht, die nicht-kollaborative Entscheidung zu treffen. Wenn sich erst einmal ein nicht-kollaboratives Verhaltensmuster eingespielt hat, ist es schwer, dieses zu durchbrechen, weil dazu eine koordinierte Entscheidung beider Parteien nötig ist.
Experimentelle Studien, die sich der Gefangenendilemma-Matrix bedienen, haben fast immer einen beträchtlichen Anteil an Versuchspersonen aufgewiesen, denen es nicht gelungen ist, Zusammenarbeit herzustellen (Nemeth, 1970), trotz des eindeutigen Vorteils dieser Verhaltensweise. Das braucht unsere Vorstellung von experimentellen Versuchspersonen

Tabelle 2 *Eine typische »Gefangenendilemma«-Matrix*

		Spieler 1 wählt zwischen A	oder B
Spieler 2 wählt zwischen	C	+5/+5	—10/+10
	oder D	+10/—10	—5/—5

Erläuterungen:

(1) Die linke Zahl in jedem Kasten bezeichnet den Gewinn, der auf Spieler 2 entfällt; die rechte Zahl bezeichnet den Gewinn, den Spieler 1 erzielt.

(2) Der esoterische Name dieser Matrix bezieht sich auf eine unechte Situation, in der von zwei Untersuchungsgefangenen gesagt wird, daß sie voneinander isoliert eingesperrt worden sind. Jedem sagte man, daß er freigelassen wird, wenn er geständig sei; wenn nicht, reichten die Beweise nur, ihn wegen eines leichteren Vergehens einzusperren.
Sollten aber beide Verdächtigen gestehen, dann würden beide der schweren Strafe unterliegen, auch wenn die Staatsanwaltschaft für Milde plädieren würde. Das ergibt die unten dargestellte Matrix der Gefängnisstrafen. Der Verdächtige befindet sich in dem Dilemma, ob er sich mit einem Jahr Haft abfinden oder acht Jahre dadurch riskieren soll, daß er versucht straffrei davonzukommen. Er muß auch das Risiko einschätzen, daß der andere Verdächtige gesteht und ihn damit für volle zehn Jahre ins Gefängnis bringt.

		Gefangener 1: Kein Geständnis	Geständnis
Gefangener 2:	Kein Geständnis	1 Jahr/1 J.	10 J./frei
	Geständnis	frei/10 J.	8 J./8 J.

als rationalen Problemlösern nicht in Frage zu stellen, läßt uns aber über das Wesen der Umwelt nachdenken, in der die Untersuchungen durchgeführt wurden. Meistens sind die Versuchspersonen für ihre Leistungen nicht dadurch belohnt worden, daß ihnen richtiges Geld bezahlt wurde, sondern durch Ansammlung imaginärer »Punkte«. Sie konnten mit ihren Verhandlungspartnern nur anhand von Notizen kommunizieren und sollten sich für einen bestimmten Versuch des Experiments entscheiden, ohne zu wissen, was die andere Seite entscheidet. Unter solchen Umständen möchte man erwarten, daß sich die Verhandlungspartner langweilen und so spielen, daß ihr Interesse maximiert wird, anstatt viel Mühe auf die schwierige Aufgabe zu verwenden, Zusammenarbeit zu erzielen, deren einziger Gewinn in einer langweiligen, eintönigen Ansammlung fiktiver Punkte besteht. Im Sinne Sherifs könnte man sagen, daß das übergeordnete Ziel nicht sehr zwingend war, während die Belohnungen für fortgesetzte Nicht-Kooperation oder unberechenbares Verhalten häufig größer waren.

In diesem Zusammenhang können wir uns den Gefangenendilemmastudien zuwenden, die sich speziell auf die effektivsten Verhandlungsstrategien konzentrieren. Harford und Solomon (1969) verglichen die Effekte der »gefallener Heiliger«- und »bekehrter Sünder«-Strategie. In jedem Fall glaubte die Versuchsperson, sie würde mit einer anderen Person verhandeln, tatsächlich aber spielte sie gegen einen von dem Versuchsleiter vorprogrammierten Plan. Bei dem »gefallener Heiliger«-Programm fand die Versuchsperson ihren Gegner während der ersten drei Entscheidungen vorbehaltlos kooperativ. Das heißt, wenn die Versuchsperson bei einem bestimmten Versuch kooperierte, verhielt sich ihr Gegner bei dem nächsten Versuch entsprechend. Desgleichen pflegte der Gegner sich im folgenden Versuch zu rächen, wenn die Versuchsperson bei einem Versuch nicht kooperierte. Der »bekehrte Sünder« andererseits verhielt sich bei den ersten drei Versuchen bedingungslos unkooperativ und anschließend bedingt kooperativ. Folglich bestanden Unterschiede zwischen dem »gefallenen Heiligen« und dem »bekehrten Sünder« — obwohl das Experiment nur dreißig Versuche umfaßte — nur bei den ersten drei Versuchen. Es stellte sich heraus, daß der bekehrte Sünder ständig mehr Kooperation hervorrief als der gefallene Heilige. Effektives Verhandeln erfordert in dieser Situation offenbar, daß man frühzeitig zu erkennen gibt, in der Lage zu sein, gegebenenfalls nicht-kooperativ zu handeln. Deutsch u. a. (1967) erhielten ein sehr ähnliches Ergebnis mit mehr Versuchspersonen und einer natürlicheren Experimentanordnung. Eine Reihe von Experimenten von Thibaut (1968) liegt auf einer ähnlichen Ebene. In diesen Experimenten wurde versucht, die Bedingungen anzugeben, unter denen die Beteiligten die Gelegenheit ergreifen würden, Vereinbarungen zur Einschränkung verschiedener Verhandlungsstrategien zu erreichen. Es wurde festgestellt, daß Abmachungen am häufigsten dann zustande kamen, wenn ein starker Interessenkonflikt bestand und jede Partei einigermaßen in der Lage war, sich gegebenenfalls gänzlich von der Verhandlung zurückzuziehen.

Eine weitere Variable, die für die Begründung von Zusammenarbeit relevant ist, ist das Entstehen von Vertrauen. Swinth (1967) postulierte, daß in einer Gefangenendilemma-Matrix Vertrauen dann entstünde, wenn eine Partei sich der Ausbeutung der anderen aussetzte und die andere Partei mit Nicht-Ausbeutung reagierte. Das erwies sich als richtig. Die dargestellten Untersuchungen effektiven Verhandelns in Experimenten implizieren einen Verhandlungspartner, der sowohl seine Stärke betont als auch — in einem geeigneten Moment — seine Schwächen enthüllt. Die Untersuchungen teilen uns jedoch nichts über die zeitliche Koordinierung dieser Handlungen mit, und Verhandlungsgeschick mag oft eine Frage des richtigen Zeitpunkts sein.

Christie und Geis (1970) liefern einen etwas anderen Ansatz zur Untersuchung des Verhandlungsverhaltens. Sie untersuchten die Behauptung, »Machiavellisten« verstünden es besser als andere, ihre Ziele in Interaktionssituationen zu erreichen. Viele der von ihnen untersuchten Situationen erforderten Verhandlungen. Machiavellisten sind dadurch charakterisiert, daß sie eine relativ zynische Meinung vom Wesen des Menschen haben und das Verhalten anderer mit Hilfe von Manipulation und Täuschung zu beherrschen versuchen. Ein frühes Ergebnis war, daß es Machiavellisten tatsächlich, wie man seit Hunderten von Jahren glaubte, besser fertigbrachten, einem beim Erzählen einer Lüge in die Augen zu sehen (Exline u. a., 1970).

Eine von Christie und Geis vorgelegte Studie bezog sich auf Gruppen von je drei Versuchspersonen, die um 10 Dollar handelten. Die Grundregeln lauteten, daß zwei beliebige Personen aus der Dreiergruppe das Geld haben könnten, solange sie sich über die Aufteilung der 10 Dollar zwischen sich einigen könnten. Es war nicht erlaubt, das Geld unter alle drei Versuchspersonen aufzuteilen. In jeder Dreiergruppe gab es eine Versuchsperson, die stark machiavellistisch, eine, die mittelmäßig und eine, die schwach machiavellistisch war. Sieben Dreiergruppen wurden getestet, und bei jeder einzelnen Gelegenheit schnitt die stark machiavellistische Versuchsperson bei dem Handel am besten ab. Anders als das Gefangenendilemma stellt diese Situation einen unversöhnlichen Konflikt dar. Die Machiavellisten schienen dadurch zu gewinnen, daß sie die Kontrolle über die Diskussion an sich rissen und jegliches moralische oder faire Empfinden unterdrückten.

In einer anderen Studie von Christie, Gergen und Marlowe wurde eine Gefangenendilemma-Matrix verwandt. In der Mitte des Experimentes wurden die fiktiven Einsätze durch beträchtliche, wirkliche Geldeinsätze ersetzt. Danach wurde festgestellt, daß die stark machiavellistischen Versuchspersonen kooperativer wurden, während die anderen ihre Strategie nicht änderten. Wenn Geld auf dem Spiel steht, ist die Reduktion von Langeweile nicht mehr so wichtig, und Kooperation wird mit größerer Sicherheit zur rationalen Strategie; und so taten die Machiavellisten wieder einmal das Richtige. In einer dritten Studie (Geis, Weinheimer und Berger, 1970) wurde eine komplizierte Rollenspielanordnung verwandt. Das Rollenspiel simulierte Entscheidungsprozesse und Beein-

flussungsverfahren im Kongreß. Es wurden aus sieben Personen bestehende Gruppen verwandt; dieses Mal stellte sich heraus, daß Machiavellisten auch effektivere Lobbyisten waren.
Die Hypothese von Christie und Geis lautet, daß Machiavellisten ein geringeres Bedürfnis nach sozialem Vergleich haben und deshalb in Verhandlungssituationen weniger infolge von irrelevanten Affekten abgelenkt werden. Sie können deutlicher sehen, wo in einer bestimmten Situation ihr Vorteil liegt und sich deshalb ausschließlicher darauf konzentrieren. Je nach Situation läßt sie das manchmal kooperativ und manchmal skrupellos sein. Ihr Erfolg beruht häufig auf opportunistischer Geheimhaltung bestimmter Tatsachen. Will man die Relevanz dieser Laboruntersuchungen einschätzen, muß man fragen, ob sich Parallelen zu Situationen in Organisationen finden lassen oder nicht. Die kurzfristige Natur von Laborexperimenten begünstigt offenbar den Machiavellisten: Es ist nicht genügend Zeit, ihn zu entlarven. Auf der anderen Seite lassen die diffusen Kontakte in Organisationen auch einen großen Geheimhaltungsspielraum. Die Wahrscheinlichkeit ist groß, daß Machiavellisten in großen Organisationen beträchtlichen Erfolg als Verhandlungspartner erringen. Mit der Zeit mögen die Kniffe eines Machiavellisten bekannt werden, bis dahin wird er aber wahrscheinlich schon aufgrund der Überzeugungskraft früherer Leistungen befördert worden sein.
Die die Effektivität machiavellistischen Verhaltens betreffenden Ergebnisse sind verblüffend und müssen ins richtige Verhältnis gesetzt werden. Was man festgestellt hat, ist, daß Machiavellisten in bestimmten Situationen äußerst effektiv ihren eigenen Interessen dienen, in anderen Situationen nicht. Wallston (1972) kam zum Beispiel zu dem Ergebnis, daß es Machiavellisten keineswegs besser als Nicht-Machiavellisten gelang, anderen Informationen zu entlocken, und zwar dann nicht, wenn es sich um eine Situation handelte, in der Anlaß bestand, den Machiavellisten zu mißtrauen. Keine Untersuchung hat erbracht, daß eine Organisation dann am effektivsten ist, wenn sie nach machiavellistischen Regeln betrieben wird. Machiavellistische Verfahren zur Lösung organisatorischer Konflikte sind ohne Zweifel weit verbreitet — man wird an die »praktisch orientierten« Inspektoren von Gross u. a. erinnert — es bleibt aber noch nachzuweisen, ob derartige Strategien auch anderen als dem Machiavellisten und den von ihm Abhängigen dienen.
Dieser Abschnitt wurde damit eingeleitet, daß das Individuum oder die Gruppe es unter manchen Umständen richtig finden mag, sich der Integration in die größere Organisation zu widersetzen. Er gibt einige Hinweise, welche Handlungsweisen es wahrscheinlich ermöglichen, dem Ziel näher zu kommen. Mit der Zeit mag es möglich sein, ein Modell der

Verhandlungseffektivität zu entwickeln, das dem Modell der Führungseffektivität von Fiedler analog ist. Unter anderen Umständen mag organisatorische Integration dem divergierenden Verhandeln vorgezogen werden, und wir wenden uns jetzt dieser Möglichkeit zu.

Integrationsverfahren

In vielen Organisationen wirkt das übergeordnete Ziel, sich den unvernünftigen Forderungen höherstehender Autoritäten zu widersetzen, am stärksten auf Integration unter Kollegen hin. Unerträglicher Druck von oben mag leicht ein hierarchisches System integrierter Koalitionen zur Folge haben (Caplow, 1968) anstatt Likerts Modell der Bindeglieder, das sich sowohl vertikal als auch horizontal durch die ganze Organisation zieht. Bei einer solchen Organisation handelt es sich nicht um eine integrierte Organisation, sondern um eine Reihe fest zusammenhaltender oder höchst integrierter Gruppen innerhalb einer nicht-integrierten Organisation. Das erinnert an die Seashore-Studie (1954), die zeigte, daß zusammenhaltende Gruppen eine viel gleichmäßigere Produktivität aufwiesen als nicht-zusammenhaltende Gruppen. Die Produktivität war gleichbleibend niedrig, wenn die Gruppen in Konflikt mit dem Management standen und gleichbleibend hoch, wenn das nicht der Fall war.
Das Interesse von Lawrence und Lorsch (1967) galt vor allem dem Prozeß der organisatorischen Integration. In ihrer die Plastikindustrie betreffenden Untersuchung stellten sie fest, daß sich die von den erfolgreichen Unternehmen angewandten Integrationsverfahren auf signifikante Weise von denen unterschieden, die von den weniger erfolgreichen Firmen angewandt wurden. Die Plastikunternehmen hatten einen starken Bedarf an Integration, da ihre Strukturen als Reaktion auf ihre verschiedenartige und sich ändernde Umwelt stark differenziert waren. Zusätzlich zu den in den meisten Organisationen vorgefundenen Integrationsverfahren, zum Beispiel dem Einsatz der Hierarchie bei der Lösung von Streitigkeiten und dem Einsatz standardisierter Verfahren bei Schreibarbeiten, besaßen die Unternehmen nicht nur ein oder mehrere Teams mit Querverbindungsfunktionen, sondern auch eine gesonderte Abteilung, deren Hauptaufgabe darin bestand, Integration zwischen den verschiedenen Teilen der Organisation zustande zu bringen.
Wie festgestellt wurde, unterschieden sich die erfolgreichen Plastikunternehmen von den weniger erfolgreichen in sechserlei Hinsicht. Erstens: Die integrierende Abteilung nahm, was die Struktur betraf, eine Zwischenstellung zwischen den anderen Abteilungen ein, deren Arbeiten

sie zu integrieren versuchte. In weniger erfolgreichen Organisationen neigte sie dazu, der einen oder anderen dieser Abteilungen zu gleichen und wurde deshalb bei auftretenden Streitigkeiten eher als Partisan betrachtet. Zweitens meinte man, daß die Macht der Integratoren eher auf technischer Fachkenntnis beruhte, als daß sie von der höheren Position der Integratoren in der Hierarchie herrührte. Drittens merkten die Integratoren in den erfolgreichen Unternehmen, daß ihre Anerkennung oder Beförderung davon abhing, ob ihnen die Integration gelang, während das bei den Integratoren in den weniger erfolgreichen Unternehmen nicht der Fall war. Viertens glaubten die Manager in den erfolgreichen Organisationen, daß sie im allgemeinen mehr Einfluß hatten als diejenigen in den erfolglosen Organisationen. Fünftens: In den erfolgreichen Unternehmen bestand eine größere Übereinstimmung zwischen den Ebenen, auf denen Information erhältlich war und der Ebene, auf der wichtige Streitigkeiten geschlichtet wurden. Schließlich war in den erfolgreichen Unternehmen die Tendenz größer, Konflikte eher durch konstruktive Konfrontation der Meinungsverschiedenheiten zu lösen als sie zu überspielen oder dadurch zu schlichten, daß eine Partei der anderen eine ...ung aufzwang.

... von Lawrence und Lorsch gezeichnete Bild organisatorischer Inte...sverfahren ist durchaus einleuchtend. Eine Möglichkeit, ihre Er... zusammenzufassen, könnte in der Aussage bestehen, daß die ...en Unternehmen auf effektivere Weise Integration als ein ...tes Ziel eingeführt hatten. Das wurde dadurch erreicht, daß ...d ranghöhere Mitarbeiter mit der Aufgabe betraute und sie ... belohnte. Das erforderte auch große Aufmerksamkeit ...ie bestimmte Entscheidungen innerhalb der Organisa...len sollten. Leider bedarf die Klarheit der Ergebnisse ...orsch noch weiterer Qualifizierung, indem wir uns ...ne besinnen, die bei der Diskussion von Likerts ... Bei den Daten von Lawrence und Lorsch, wie ... handelt es sich um Korrelationen. Mit anderen ... und Lorsch gezeigt haben, daß sich die er... den erfolglosen unterscheiden, können wir ... *wegen* ihrer unterschiedlichen Integra... Es wäre nicht weniger plausibel zu be... *weil* sie erfolgreich sind, die Kompetenz ...ten, sich einflußreicher fühlten und ihre ... austrugen. Wie bei den Studien über ...nde Test im Experiment. Wenn ge...nisation erfolgreich wird, wenn sie ihre Integrationsverfahren in der von Lawrence und Lorsch angedeuteten Weise verändert, dann wird tatsächlich ein klarer Beweis vorliegen, daß diese Verfahren eher Ursachen als Folgen des Erfolges sind. Derartige Versuche, Organisationsstrukturen zu verändern, werden im letzten Kapitel untersucht werden.

Ein Aspekt, unter dem Lawrence und Lorsch effektive Integrationsverfahren beschrieben, war die Art und Weise, wie Integratoren es fertigbrachten, bei der Lösung von Konflikten die Rolle eines Dritten zu spielen. Dritten kommt bei jeglicher Art von Konfliktlösungen große Bedeutung zu; deshalb wenden wir uns in unserer Untersuchung nun der Rolle von Dritten zu. Wenn zwei Parteien, die über irgendeinen Punkt eine Kontroverse haben, zustimmen, einem Dritten das Recht zu gewähren, in ihre Beziehung einzugreifen, haben sie bereits ein übergeordnetes Ziel festgesetzt. Das heißt, sie stimmen durch ihre Verhaltensweise in der Annahme überein, daß ihr Verhältnis es wert ist, verbessert zu werden, und daß etwas Wertvolles erreicht wird, wenn es verbessert wird. Natürlich werden die beiden Parteien oft beträchtliche Zweifel bezüglich der Wirksamkeit des übergeordneten Ziels im Vergleich zu ihren individuellen Zielen beibehalten.

Die meisten Versuche, Veränderung systematisch in Gruppen oder Organisationen einzuführen, beruhen auf der Verwendung von Dritten. In diesem Sinne werden wir es für den Rest des Buches mit den Aktivitäte
Dritter zu tun haben. In diesem Kapitel soll die Überlegung mehr i
Vordergrund stehen, warum Dritte besonders bei der Konfliktlösu
oder der Einführung von Veränderung von Nutzen sein mögen. We
oben wurde ausgeführt, daß Sherif eine aktive Rolle spielte, als er se
Jungengruppen übergeordnete Ziele vorgab, d. h. er spielte die
eines Dritten. Blake und Mouton (1961, 1965) erhielten weiteres
gleichsmaterial über die Effektivität verschiedener, weit verbreitete
fliktlösungsverfahren. Sie lösten bei Trainingsprogrammen K
zwischen Managergruppen aus. Das wurde dadurch erreicht, d
Gruppe gebeten wurde, den besten Plan aufzustellen, wie di
einem späteren Stadium des Trainingsprogramms verbrach
sollte. Vergleichsweise wurden verschiedene Verfahren zur L
ser Konflikte getestet. Öffentliches Verhandeln der Grupp
führte häufig in eine Sackgasse, während private Verhandl
effektiver waren. Bewertung durch neutrale dritte Richte
denen als fair angesehen, die gewannen und von denen
verloren. Es wurden starke Wahrnehmungsverzerrungen
nen zufolge jede Gruppe weniger Gemeinsamkeit mit d
der anderen empfand als tatsächlich vorhanden war. Es w

lösungsverfahren vorgezogen, bei denen mehr Mühe darauf verwandt wurde, die Legitimität von Interventionen durch Dritte geltend zu machen. Zum Beispiel könnte eine dritte Person nach der Grundregel ausgewählt werden, daß nur jemand genommen wird, der von beiden Parteien stark unterstützt wird.

Es ist bereits darauf hingewiesen worden, daß der Prozeß sozialen Vergleichs grundlegend für den Konflikt zwischen Gruppen ist. Da sich jede Gruppe negativ mit der anderen vergleicht, wird es für Unterhändler oder andere sehr schwierig, der anderen Partei nachzugeben, ohne als Verräter angesehen zu werden. Die Grundlage für die Intervention von Dritten bildet nicht der soziale Vergleich, sondern die Kontrolle. Wenn einem Dritten das *Recht* auf Beeinflussung der Parteien zugestanden wird, muß das daran liegen, daß das von ihm repräsentierte übergeordnete Ziel die Macht des sozialen Intergruppenvergleichsprozesses aufwiegt. In früheren Kapiteln haben wir bereits einige Fälle vermerkt, in denen Kontrolle sozialen Vergleich aufwiegen mag und einige, auf die das Umgekehrte zutrifft. In Milgrams Experiment zum Beispiel leistete die Gruppe dem Führer erfolgreich Widerstand, aber in dem Experiment von Helmreich und Collins zogen es die Versuchspersonen vor, mit einem Führer zusammen, statt in einer führerlosen Gruppe zu warten. Aufgabe des Dritten muß immer sein, seiner Legitimität als Beeinflussungsbevollmächtigter mehr Geltung zu verschaffen. Das ist eine ungeheuer schwierige Aufgabe, und die meisten Dritten sind eher machtlos als mächtig. Die integrierenden Abteilungen in der Untersuchung von Lawrence und Lorsch waren mächtig, aber selbst hier beruhte ihre Effektivität anscheinend eher auf ihrer Fachkenntnis als auf ihrer formellen Macht.

Walton (1969) analysierte Verfahren, die verwendet wurden, um die Rolle von Dritten in Konfliktsituationen zu legitimieren, z. B. Verfahren, die großes Fachwissen, aber geringe formelle Macht demonstrierten, einen neutralen Verhandlungsplatz zur Verfügung stellten und genügend Zeit ließen, gute Beziehungen zwischen beiden Parteien herstellten, für unparteiische Diskussionsleitung sorgten, zum Ziel hatten, strittige Fragen zusammenzufassen und zu klären und mögliche Gründe für das Auftreten der Schwierigkeiten zu diagnostizieren.

Konflikte in Organisationen umfassen einen weiten Bereich. Einige der zu Beginn des Kapitels identifizierten Fälle von Rollenkonflikt werden am häufigsten in der Form gehandhabt, daß man sie ignoriert; andere Konflikte sind so schwerwiegend und richten soviel Schaden an, daß sie die Intervention einer dritten Partei erfordern, um überhaupt irgendeine Integration zu erreichen. Wiederum bei anderen Konflikten dient der

Verhandelnde seinen Interessen am besten, indem er jegliche Integration ablehnt. Im Rahmen von Organisationen besteht das Dilemma darin, diese letztgenannten Konflikte zu erkennen: Die in Konflikt stehenden Parteien sind oft der Meinung, daß sie ihren Interessen am besten dienen, wenn sie sich der Kooperation widersetzen, und doch ist das nicht immer richtig. Erst dann, wenn sich eine auf Vertrauen gegründete Zusammenarbeit zwischen den Parteien nachhaltig durchgesetzt hat, ist es möglich zu erfahren, welches tatsächlich die Vorteile kollaborativer Organisation in der besonderen Situation sind.

Zusammenfassung und ein Vorschlag zur praktischen Anwendung

Konflikt und Unstimmigkeit sind eher normaler als außergewöhnlicher Bestandteil von Gruppen und Organisationen. Es ist möglich, daß sie unter Hinweis auf irgendwelche abstrakten Regeln oder Prinzipien gelöst werden oder auf der Basis von Zweckmäßigkeit. Oft werden sie überhaupt nicht gelöst, sondern ignoriert. Bei Personen in höheren Stellungen und bei denjenigen, deren Aufgabe es ist, Organisationsgrenzen zu überschreiten, sind Konflikte besonders akut.

Konfliktlösung ist oft davon abhängig, ob geeignete übergeordnete Ziele vorhanden sind. Ein Konflikt wird dann am leichtesten gelöst, wenn Gelegenheit besteht, das allmählich wachsende Vertrauen zwischen den in Konflikt stehenden Parteien zu prüfen. Dazu kommt es, wenn jede Partei in der Lage ist, sowohl ihre Stärke zu demonstrieren als auch bereit ist, sich verwundbar zu zeigen.

Erfolgreiches Verhandeln in unversöhnlichen Konfliktsituationen hängt von folgenden Punkten ab: Man muß einen unbestechlichen Blick für das Hauptziel, das man anstrebt, haben, irrelevante soziale Beziehungen und Gefühle, die einem im Wege stehen, erkennen und eigene Schwächen kaschieren können.

Organisatorische Integration wird gewöhnlich mit Hilfe mächtiger und respektierter Dritter und hierarchischer Kontrolle erreicht. Bis heute liegen keine Forschungsergebnisse vor, die etwas darüber aussagen, ob effektive Integration von Organisationen (wie z. B. die von Lawrence und Lorsch untersuchte) Ursache oder Resultat des Organisationserfolges ist.

Dieses Kapitel schließt den Teil des Buches ab, der der Analyse des Gruppen- und Organisationsverhaltens gewidmet war. Von nun an werden wir uns mehr mit Versuchen beschäftigen, die sich mit der Einführung von Veränderungen befassen, als bestehende Situationen zu analysieren.

sie zu integrieren versuchte. In weniger erfolgreichen Organisationen neigte sie dazu, der einen oder anderen dieser Abteilungen zu gleichen und wurde deshalb bei auftretenden Streitigkeiten eher als Partisan betrachtet. Zweitens meinte man, daß die Macht der Integratoren eher auf technischer Fachkenntnis beruhte, als daß sie von der höheren Position der Integratoren in der Hierarchie herrührte. Drittens merkten die Integratoren in den erfolgreichen Unternehmen, daß ihre Anerkennung oder Beförderung davon abhing, ob ihnen die Integration gelang, während das bei den Integratoren in den weniger erfolgreichen Unternehmen nicht der Fall war. Viertens glaubten die Manager in den erfolgreichen Organisationen, daß sie im allgemeinen mehr Einfluß hatten als diejenigen in den erfolglosen Organisationen. Fünftens: In den erfolgreichen Unternehmen bestand eine größere Übereinstimmung zwischen den Ebenen, auf denen Information erhältlich war und der Ebene, auf der wichtige Streitigkeiten geschlichtet wurden. Schließlich war in den erfolgreichen Unternehmen die Tendenz größer, Konflikte eher durch konstruktive Konfrontation der Meinungsverschiedenheiten zu lösen als sie zu überspielen oder dadurch zu schlichten, daß eine Partei der anderen eine Lösung aufzwang.

Das von Lawrence und Lorsch gezeichnete Bild organisatorischer Integrationsverfahren ist durchaus einleuchtend. Eine Möglichkeit, ihre Ergebnisse zusammenzufassen, könnte in der Aussage bestehen, daß die erfolgreichen Unternehmen auf effektivere Weise Integration als ein übergeordnetes Ziel eingeführt hatten. Das wurde dadurch erreicht, daß man fähige und ranghöhere Mitarbeiter mit der Aufgabe betraute und sie für ihren Erfolg belohnte. Das erforderte auch große Aufmerksamkeit dafür, wo und wie bestimmte Entscheidungen innerhalb der Organisation getroffen werden sollten. Leider bedarf die Klarheit der Ergebnisse von Lawrence und Lorsch noch weiterer Qualifizierung, indem wir uns auf einige der Probleme besinnen, die bei der Diskussion von Likerts Theorie aufgetreten sind. Bei den Daten von Lawrence und Lorsch, wie bei den meisten von Likert, handelt es sich um Korrelationen. Mit anderen Worten, obwohl Lawrence und Lorsch gezeigt haben, daß sich die erfolgreichen Unternehmen von den erfolglosen unterscheiden, können wir daraus nicht schließen, daß sie *wegen* ihrer unterschiedlichen Integrationsverfahren erfolgreich sind. Es wäre nicht weniger plausibel zu behaupten, daß bestimmte Firmen, *weil* sie erfolgreich sind, die Kompetenz ihrer Integratoren mehr respektierten, sich einflußreicher fühlten und ihre Meinungsverschiedenheiten offener austrugen. Wie bei den Studien über Führerschaft besteht der entscheidende Test im Experiment. Wenn gezeigt werden kann, daß eine Organisation erfolgreich wird, wenn sie ihre Integrationsverfahren in der von Lawrence und Lorsch angedeuteten Weise verändert, dann wird tatsächlich ein klarer Beweis vorliegen, daß diese Verfahren eher Ursachen als Folgen des Erfolges sind. Derartige Versuche, Organisationsstrukturen zu verändern, werden im letzten Kapitel untersucht werden.

Ein Aspekt, unter dem Lawrence und Lorsch effektive Integrationsverfahren beschrieben, war die Art und Weise, wie Integratoren es fertigbrachten, bei der Lösung von Konflikten die Rolle eines Dritten zu spielen. Dritten kommt bei jeglicher Art von Konfliktlösungen große Bedeutung zu; deshalb wenden wir uns in unserer Untersuchung nun der Rolle von Dritten zu. Wenn zwei Parteien, die über irgendeinen Punkt eine Kontroverse haben, zustimmen, einem Dritten das Recht zu gewähren, in ihre Beziehung einzugreifen, haben sie bereits ein übergeordnetes Ziel festgesetzt. Das heißt, sie stimmen durch ihre Verhaltensweise in der Annahme überein, daß ihr Verhältnis es wert ist, verbessert zu werden, und daß etwas Wertvolles erreicht wird, wenn es verbessert wird. Natürlich werden die beiden Parteien oft beträchtliche Zweifel bezüglich der Wirksamkeit des übergeordneten Ziels im Vergleich zu ihren individuellen Zielen beibehalten.

Die meisten Versuche, Veränderung systematisch in Gruppen oder Organisationen einzuführen, beruhen auf der Verwendung von Dritten. In diesem Sinne werden wir es für den Rest des Buches mit den Aktivitäten Dritter zu tun haben. In diesem Kapitel soll die Überlegung mehr im Vordergrund stehen, warum Dritte besonders bei der Konfliktlösung oder der Einführung von Veränderung von Nutzen sein mögen. Weiter oben wurde ausgeführt, daß Sherif eine aktive Rolle spielte, als er seinen Jungengruppen übergeordnete Ziele vorgab, d. h. er spielte die Rolle eines Dritten. Blake und Mouton (1961, 1965) erhielten weiteres Vergleichsmaterial über die Effektivität verschiedener, weit verbreiteter Konfliktlösungsverfahren. Sie lösten bei Trainingsprogrammen Konflikte zwischen Managergruppen aus. Das wurde dadurch erreicht, daß jede Gruppe gebeten wurde, den besten Plan aufzustellen, wie die Zeit in einem späteren Stadium des Trainingsprogramms verbracht werden sollte. Vergleichsweise wurden verschiedene Verfahren zur Lösung dieser Konflikte getestet. Öffentliches Verhandeln der Gruppenvertreter führte häufig in eine Sackgasse, während private Verhandlungen kaum effektiver waren. Bewertung durch neutrale dritte Richter wurde von denen als fair angesehen, die gewannen und von denen als unfair, die verloren. Es wurden starke Wahrnehmungsverzerrungen festgestellt, denen zufolge jede Gruppe weniger Gemeinsamkeit mit den Vorschlägen der anderen empfand als tatsächlich vorhanden war. Es wurden Konflikt-

Falls der Leser sich in der konkreten Anwendung des in diesem Buch verwandten analytischen Konzepts üben möchte, kann er eine oder mehrere Gruppen, denen er angehört, unter Beachtung folgender Punkte untersuchen:

Wer vergleicht sein Verhalten mit wem?
Wie wird die Kontrollfunktion ausgeübt?
In welcher Weise beschränkt die Umwelt die Gruppenstruktur oder -leistung?
Wie effektiv erfüllt die Gruppe ihre Aufgabe(n)?
In welcher Beziehung steht die Gruppe zu anderen Gruppen?

Die gleiche Übung könnte für Organisationen durchgeführt werden, würde aber mit zunehmender Größe unnötig kompliziert werden. Derartige Analysen von Gruppen oder Organisationen geben oft einen Hinweis, auf welche Weise Änderungen erwünscht sein könnten. So kann die Diagnose zur Planung von Veränderung führen.

7

Der Einsatz zeitlich begrenzter Systeme zur Verhaltensänderung

In den ersten sechs Kapiteln dieses Buches wurde eine Analyse des Gruppen- und Organisationsverhaltens gegeben. Mittlerweile fühlt sich der Leser vielleicht eher in der Lage, sich mit Gruppen und Organisationen zu befassen und zu überlegen, welche ihrer Eigenschaften mit sozialen Vergleichs- oder Kontrollprozessen erklärt werden können. Es ist wahrscheinlicher, daß die in diesen Kapiteln gegebene Information irgendwie abstrakt wirkt und ihre Anwendung als schwierig erscheint. Im ersten Kapitel wurden die Schwierigkeiten betont, mit denen die Sozialwissenschaften konfrontiert werden, wenn ihre Ergebnisse auf die Lösung realer Probleme angewendet werden sollen. Die Schwierigkeit ist die: Die vorangehenden Kapitel halfen dem Leser vielleicht, Gruppen- oder Organisationsverhalten zu *analysieren*, aber eine überzeugende Analyse (selbst wenn sie in diesem Buch gelungen sein sollte) reicht nicht aus. Um das Resultat realer Probleme zu beeinflussen, sind praktische Fähigkeiten erforderlich, die ein Eingreifen und Beeinflussen solcher problematischen Situationen möglich machen.

Wir haben gesehen, daß bestimmte, je nach Situation verschiedene, Verhaltensweisen und Strukturen erforderlich sind, damit Gruppen und Organisationen ihre Ziele erreichen können. Dieses Kapitel untersucht nun die Versuche, die zur Erhöhung der Fähigkeit eines Individuums unternommen worden sind, das der jeweiligen Situation angemessene geschickte *Verhalten* an den Tag zu legen. Das letzte Kapitel wird sich mehr mit Versuchen beschäftigen, Organisationsstrukturen zu modifizieren, um sie ihren Aufgaben oder Situationen besser anzupassen.

Ein möglicher Standpunkt zu dem Problem, wie in einer Situation bestimmte Fertigkeiten zur Verfügung stehen können, ist der von Fiedler (1967). Fiedler meint, daß die Bedeutung seiner Forschungsarbeit über Führerschaft darin liegt, daß sie die Auswahl von für jede Situation geeigneten Führern möglich macht. Dieser Ansicht zufolge wäre Schulung überflüssig, da durch Selektion eine gute Kombination zwischen Situation und erforderlichem Führungsstil zustande kommt. Dieser Standpunkt ist kaum aufrechtzuerhalten. Die Plumpheit derzeitiger Selektionsverfahren führt ohne Zweifel häufig zu Fehlschlägen. Wichtiger noch, die meisten Führungssituationen stellen zu verschiedenen Zeiten unterschiedliche Anforderungen, so daß die Fähigkeit des Führers, verschiedene Führungsstile an den Tag zu legen, sehr gefragt sein wird. Besonders in sich schnell verändernden Situationen wird es deshalb wahrscheinlich von größerem Nutzen sein, Flexibilität zu schulen, statt sich für Inflexibilität zu entscheiden und sich inflexibles Verhalten anzugewöhnen. Der Rahmen, in dem die Interaktionsfähigkeit eines Individuums am besten gefördert werden kann, sind speziell zu diesem Zweck gebildete, zeitlich begrenzte Kleingruppen. Studien, die sich mit dem Erlernen menschlicher Fähigkeiten beschäftigen, haben wiederholt gezeigt, daß dann gelernt wird, wenn ein Individuum Gelegenheit hat, seine Fähigkeiten anzuwenden, und Feedback darüber erhält, wie wirkungsvoll es seine Fähigkeiten anwendet. Gruppen, die zu diesem Zweck zusammengestellt werden, sind gewöhnlich als T-Gruppen bekannt, und der Prozeß, der sich in ihnen abspielt, wird als Sensitivity-Training bezeichnet. Der Begriff »T-Gruppe« bedeutet einfach Trainingsgruppe. Solche Gruppen haben charakteristischerweise eine sehr offene Tagesordnung und viel Zeit für Interaktionen. Unter diesen Bedingungen hat jedes Gruppenmitglied Gelegenheit, sich auf verschiedene typische Arten zu verhalten und auch einige neue Verhaltensweisen auszuprobieren. Andere Gruppenmitglieder werden reagieren und damit für das zum Lernen notwendige Feedback sorgen.

T-Gruppen

T-Gruppen sind bis heute eine der wichtigsten sozialen Erfindungen, die sich aus den Ergebnissen der Sozialpsychologie ableiten. Tatsächlich können ihre Anfänge bis auf den Einfluß von Kurt Lewin (Benne, 1964) zurückverfolgt werden, der in den späten 40er Jahren viele der anderen wesentlichen Entwicklungen der Sozialpsychologie ausgelöst hat. Das Konzept der T-Gruppen ist im Laufe der Jahre erheblich ausgearbeitet worden, ihre wesentlichen Merkmale sind aber leicht mit Hilfe der in diesem Buch verwandten Begriffe zu erklären. Eine T-Gruppe besteht charakteristischerweise aus acht bis zwölf Mitgliedern plus ein oder zwei Gruppenleitern. Sie trifft sich für maximal zehn Tage, vorzugsweise fern vom eigenen Arbeitsplatz, in einer Umgebung, in der die Mitglieder zusammenwohnen. Der Gruppenleiter übt eine gewisse Kontrolle über den Ablauf aus, indem er Anfangs- und Schlußzeiten der Treffen vorschlägt, sein Interesse an den Gruppenmitgliedern und ihren Beziehungen zueinander zum Ausdruck bringt und indem er gelegentlich spezielle Übungen oder Aktivitäten vorschlägt. Meistens aber übt das Verhalten des Gruppenleiters erheblich weniger Kontrolle aus als das Verhalten von Führern in anderen Situationen und zwar deshalb, weil der Gruppenleiter errei-

chen möchte, daß die Gruppenmitglieder Verantwortung für ihr eigenes Verhalten übernehmen. Allgemein gesprochen besteht das Ziel der T-Gruppe darin, die Fähigkeiten eines jeden Mitgliedes dahingehend zu steigern, daß es diagnostizieren kann, was bei interpersonalen Beziehungen vor sich geht, und für die von ihm diagnostizierte Situation angemessene Verhaltensweisen entwickeln kann.
Derartig weit gefaßte Ziele scheinen anfänglich nicht von großem Nutzen für T-Gruppenmitglieder zu sein. Sie finden sich in einer Gruppe, deren andere Teilnehmer ihnen fremd sind und deren Führer offenbar nicht gewillt ist, ihnen zu sagen, mit welchen Gesprächsthemen sie ihre Zeit verbringen sollen. Eine solche Situation kann verwirren oder beunruhigen, so daß das Vakuum in der Gruppe bald von einer Vielzahl von Verhaltensweisen ausgefüllt wird. Die Isolation der T-Gruppe läßt die Gruppenmitglieder sich auf soziale Vergleichsprozesse innerhalb der Gruppe konzentrieren oder sie möglicherweise an anderen T-Gruppen, die das gleiche Programm absolvieren, ausrichten. Mögliche externe Quellen sozialen Vergleichs werden minimiert. Gleichzeitig werden auch Einflußfaktoren der alltäglichen Umwelt unter Kontrolle gehalten. Der einzige Repräsentant externer Autorität in der Gruppe ist der Gruppenleiter, und er benutzt seine Stellung dazu, die Aufmerksamkeit auf die Gruppe selbst zu richten und nicht weg von ihr. Es entwickelt sich eine spezifische T-Gruppenkultur, die von den besonderen Umständen geprägt ist. Wir werden gleich die Probleme erörtern, die auftreten, wenn diese Interaktionsform zu dem Leben in eher langfristigen Organisationen in Beziehung gesetzt wird. Im Augenblick wollen wir aber untersuchen, welche Prozesse vermutlich in T-Gruppen ablaufen.
Zu Beginn herrscht in der Gruppe ein Klima der Vorsicht und Angst. Die Mitglieder stellen sich gegenseitig vor und sprechen oft mehr über ihre Arbeit als über sich selbst. Die Unterhaltung neigt dazu, zusammenhanglos und gezwungen zu sein. Einen großen Teil ihrer Reaktionen auf den Interaktionsablauf behalten die Gruppenmitglieder für sich selbst. In späteren Sitzungen entwickelt die Gruppe eine vertrauensvollere Atmosphäre. Die fragmentarische Beschaffenheit des alltäglichen Lebens erleichtert es vielen von uns, den Glauben zu bewahren, daß unsere Reaktionen auf das Leben besonders einzigartig sind. Sobald die Mitglieder der T-Gruppe anfangen, sich ihre Reaktionen auf Ereignisse in der Gruppe mitzuteilen, stellen sie oftmals fest, daß die Reaktionen der anderen erstaunlich ähnlich sind. Sie sind auch ähnlichen Ängsten, Kräften, Ambitionen und Frustrationen in ihren gegenseitigen Beziehungen ausgesetzt. Sozialer Vergleich innerhalb der Gruppe führt daher oft zu Bestätigung anstatt zu Nichtbestätigung. Das wiederum stärkt den Wunsch

der Gruppe, ihre Wechselbeziehungen zueinander weiter zu erforschen. Andere Vergleiche werden nicht zu einer Bestätigung führen. Ein Teilnehmer mag feststellen, daß, während er sein Verhalten gegenüber einem anderen Mitglied für hilfreich hielt, andere es als herablassend wahrnahmen. Es gibt eine Reihe von Möglichkeiten, wie er auf diese Nicht-Bestätigung reagieren könnte. Zum Beispiel: Er könnte sein Verhalten ändern; er könnte seine Wahrnehmung hinsichtlich derjenigen ändern, die es für herablassend halten; er könnte versuchen, die Wahrnehmungen der anderen Gruppenteilnehmer, ihn selbst betreffend, zu ändern, indem er mehr von seinen eigenen Gefühlen mitteilt, etc. Wenn ein Gruppenmitglied ständig Nicht-Bestätigung in der Gruppe erfahren hat, wird es das Feedback der anderen mit größerer Wahrscheinlichkeit als glaubwürdige Quelle ablehnen. Wenn es andererseits festgestellt hat, daß in anderen Punkten ihre Wahrnehmungen seine eigenen eher bestätigten, wird es wahrscheinlich eher von dem Austausch »lernen«. So entwickelt die erfolgreiche T-Gruppe ein Klima, in dem sowohl Bestätigung als auch Nicht-Bestätigung eine Rolle spielen. Die völlig nichtbestätigende Gruppe wird niemals die Beteiligung ihrer Mitglieder erreichen. Die ausschließlich bestätigende Gruppe wird sich näher kommen und zusammenhalten, aber nur wenig Antrieb für Veränderungen oder Lernen bei ihren Mitgliedern erzeugen.

Die Aufgabe des T-Gruppenführers wird darin bestehen, beide Prozesse innerhalb der Gruppe zu fördern. Das mag entweder darauf hinauslaufen, daß er die Gruppenmitglieder ermutigt, gegenseitig ihre Reaktionen zum Ausdruck zu bringen, oder daß er seine eigenen Reaktionen äußert, wenn diese von Bedeutung sind. Sonst kann er eine Analyse der Gruppenprozesse liefern mit der Absicht zu klären, warum sich die Gruppe in einer bestimmten Weise entwickelt. Er könnte zum Beispiel zu verstehen geben, der Grund, warum Mitglieder zu einer bestimmten Zeit den gegenseitigen Bemerkungen nicht zuzuhören schienen, liege darin, daß die Gruppe in eine Auseinandersetzung darüber verwickelt war, wer die mit relativ viel Macht oder Kontrolle ausgestatteten Positionen einnehmen sollte. Solche analytischen Erklärungen können helfen, Prozesse deutlicher zu machen, die dann zu einem klareren Feedback führen werden.

Bis zu welchem Grad es einer T-Gruppe gelingt, das Klima zu schaffen, das eine optimale Mischung aus Bestätigung und Nicht-Bestätigung darstellt, wird von vielen umweltbedingten Faktoren bestimmt. Folglich werden manche T-Gruppen erfolgreicher darin sein, Lernprozesse auszulösen, als andere. Bevor wir in die Diskussion derartiger Faktoren eintreten, müssen wir Studien zu den allgemeinen Effekten von T-Gruppen überprüfen. Da T-Gruppen eine ziemlich radikale Abwendung von mehr traditionellen Trainingsverfahren darstellen, sind sie von den verschiedensten Standpunkten aus kritisiert worden. Manche Kritiker betrachten T-Gruppen als einen Rahmen, in dem frustrierte Organisationsleute sich abreagieren können (Back, 1972; Rosenthal, 1971) und insofern als Mittel, ihnen für die Zeit, wenn sie wieder an ihren Arbeitsplatz zurückgekehrt sind, jeglichen Druck in Richtung Veränderung abzunehmen. Andere lassen gelten, daß T-Gruppen einen gewissen Druck zu Veränderungen ausüben, behaupten aber, daß solcher Druck von geringer Dauerhaftigkeit ist, wenn Konflikte mit den längerfristigen Prozessen der Kontrolle und des sozialen Vergleichs in Arbeitsorganisationen entstehen (Pugh, 1965). Deshalb könnten zwar Veränderungen nach der Teilnahme an einer T-Gruppe festzustellen sein, die aber von kurzer Dauer sein werden. Wiederum andere Kritiker behaupten, T-Gruppen seien psychologisch gefährlich (Gottschalk und Pattison, 1969; Jaffé und Scherl, 1969). Diesen Kritikern zufolge wird einer bedeutenden Anzahl von T-Gruppenmitgliedern durch diese Experimente in Gruppen Schaden zugefügt.

Evaluierungsstudien

Es sind viele Folgestudien über ehemalige Teilnehmer von T-Gruppen durchgeführt worden. Campbell und Dunnette (1968) und Cooper und Mangham (1971) haben einen Überblick über diese Studien gegeben. Zu den interessantesten Untersuchungen gehören die, die ein Verfahren verwenden, das als »verifizierte Veränderung« bezeichnet wird. In diesen Untersuchungen wurde mit den ehemaligen Mitgliedern sechs bis acht Monate nach der Teilnahme an einer T-Gruppe Kontakt aufgenommen, und sie wurden aufgefordert, einen unstrukturierten Fragebogen auszufüllen, anhand dessen sie alle Veränderungen beschrieben, die sie in ihrem Verhalten festgestellt hatten. Zusätzlich stellten sie eine Namensliste derjenigen zusammen, die eng mit ihnen zusammenarbeiteten. Diese Personen wurden dann auch gebeten, einen Fragebogen auszufüllen, in dem alle Veränderungen des ehemaligen Teilnehmers einer T-Gruppe festgehalten wurden. Diese verschiedenen Berichte über denselben ehemaligen T-Gruppenteilnehmer wurden verglichen und zwar mit Hilfe eines Kategoriensystems, das auf Inhaltsanalyse beruhte. Wenn zwei oder mehr beschreibende Personen von einer Veränderung in derselben Kategorie berichteten, wurde das als verifizierte Veränderung angesehen. Bunker (1965) verglich Berichte über 229 Absolventen von T-Gruppen mit 112 Kontrollpersonen, die kein Training durchlaufen hatten. Er stellte bei 67 % der ehemaligen Teilnehmer einer T-Gruppe, aber nur bei 33 % der Kontrollpersonen eine oder mehrere verifizierte Veränderungen fest. Die festgestellten Veränderungen fielen in elf der fünfzehn verwandten Kategorien und umfaßten größere Aufgeschlossenheit, Aufnahmefähigkeit und Toleranz bei Meinungsverschiedenheiten, größere Geschicklichkeit bei interpersonalen Beziehungen und besseres Verständnis seiner selbst und der anderen. Andere Studien, die verifizierte Veränderung untersuchen, sind die von Miles (1965) bei Volksschuldirektoren, von Boyd und Ellis (1962) bei kanadischen Managern, von Valiquet (1969) bei US-Managern und von Moscow (1971) bei britischen und holländischen Absolventen einer T-Gruppe, und sie alle haben zu vergleichbaren Unterschieden zwischen diesen und den Kontrollpersonen geführt.

Diese Art von Evaluierungsstudie weist viele Ansatzpunkte für Kritik auf. Die Personen, die die Berichte schreiben, können auf vielerlei Weise voreingenommen sein. Vielleicht diskutieren sie zum Beispiel ihre Antworten miteinander, ohne daß der Forscher davon weiß; sie wissen auch, wer an einer T-Gruppe teilgenommen hat und wer nicht, was wahrscheinlich zur Folge hat, daß sie den ehemaligen Teilnehmern Veränderungen zuschreiben, den Kontrollpersonen aber nicht. Eine dritte Schwäche ist das ausschließlich nachträgliche Messen. Es ist möglich, daß sich einige Leute in Situationen befinden, die stärkeren Veränderungen ausgesetzt sind, und daß deshalb diese Leute für das Training ausgewählt werden. Schließlich: Die Untersuchungen zeigen vielleicht, daß es bei den ehemaligen Teilnehmern zu Verhaltensänderungen kommt, sie prüfen aber nicht, ob sich das Verhalten verbesserte oder verschlechterte. In den Studien von Boyd und Ellis und von Moscow wurden die Wirkungen der T-Gruppenteilnahme mit den Wirkungen anderer Trainingsarten verglichen. Diese Untersuchungen stellten fest, daß T-Gruppen erfolgreicher sind als andere Arten von Trainingsverfahren, was die ersten beiden Kritiken erheblich entkräftet, weil sich diese Kritiken gleichermaßen auf alle beziehen müßten, die an irgendeinem Kursus teilgenommen haben. Alles in allem sind die Forschungsergebnisse ermutigend. In Zukunft wird es nötig sein, präzisere Meßverfahren zu ersinnen und sie sowohl vor als auch nach dem Training anzuwenden. Zum gegenwärtigen Zeitpunkt aber läßt das Beweismaterial darauf schließen, daß dauerhafte Auswirkungen der T-Gruppen bei einem wesentlichen Teil der ehemaligen Teilnehmer vorkommen.

Wie kann aber die Frage beantwortet werden, ob die Änderungen vorteilhaft oder schädlich sind? Die Schwierigkeit hierbei besteht darin, daß es kaum möglich ist, ein eindeutiges Kriterium zum Messen der Effektivität eines Individuums innerhalb einer Organisation zu liefern. Underwood (1965) erhielt Schätzungen von Kollegen darüber, ob die von T-Gruppen bewirkten Veränderungen zum Besseren oder zum Schlechteren ausfielen. Es ergab sich, daß es als negativer Effekt beurteilt wurde, wenn ehemalige Teilnehmer von T-Gruppen ein eifrigeres Verhalten an ihrem Arbeitsplatz an den Tag legten. Bei den ehemaligen Teilnehmern wurden mehr negative Effekte festgestellt als bei den Kontrollpersonen. Sicherlich ist ein derartiges Effektivitätskriterium insgesamt zu situationsgebunden. Vielleicht ist Aufrichtigkeit nachteilig gewesen, aber ebensogut kann Aufrichtigkeit genau das gewesen sein, was erforderlich war, selbst wenn Organisationsmitarbeiter das nicht begrüßt haben. Das Problem ist nicht, daß es T-Gruppen erwiesenermaßen nicht gelungen ist, die Effektivität des Individuums zu steigern, sondern daß keine zufriedenstellenden Meßverfahren der individuellen Effektivität entwickelt wurden. Dieses Problem ist vielleicht leichter zu lösen, wenn die Wirkungen von T-Gruppen auf ganze organisatorische Einheiten untersucht werden, da es etwas einfacher ist, die Effektivität von Einheiten zu messen als die von Individuen. Das wird im nächsten Kapitel behandelt werden.

Die weiter oben erwähnten, verifizierte Änderung betreffenden Studien, stützen kaum die Hypothese, daß T-Gruppen Menschen Schaden zufügen. Die Kritiker würden wahrscheinlich erwidern, daß in keiner der Studien zur verifizierten Verhaltensänderung auch nur annähernd eine hundertprozentige Antwortquote erreicht wurde und daß wahrscheinlich diejenigen, die Schaden genommen haben, ihre Formulare nicht zurückschicken. Batchelder und Hardy (1968) überprüften die Erfahrungen von 1200 CVJM-Leitern mit T-Gruppen. Sie gingen allen Fällen vorgeblich »schwerwiegend negativer Erfahrungen« nach. Es gelang ihnen, vier solcher Fälle zu ermitteln, aber in nur einem von diesen war es nicht zu einem langfristig vorteilhaften Ergebnis gekommen. Ross u. a. (1971) setzte sich mit allen Psychiatern im Gebiet von Cincinnatti in Verbindung und erbat Information über alle Personen, auf die T-Gruppen nachteilige Auswirkungen gehabt hatten. Eine Anzahl solcher Personen wurde festgestellt. Diese Zahl wurde dann mit der Zahl derjenigen verglichen, von denen bekannt war, daß sie zu der Zeit an Gruppen im Gebiet von Cincinnatti teilgenommen hatten. Der Anteil derer, die nachteilig beeinflußt worden war, betrug neunzehn von 2900, was 0,7 % entspricht. Diese Zahl scheint nicht merklich höher zu sein als bei einer entsprechenden Population, die nicht an T-Gruppen teilnimmt.

Wenn T-Gruppen Verhaltensänderungen bewirken können, die dem Teilnehmer nützlich sind, dann ist es wichtig, Wege zu erforschen, wie man diese Effekte mit größerer Wahrscheinlichkeit erzielen kann. Drei Möglichkeiten, wie das erreicht werden kann, bestehen in Variationen der Gruppenzusammensetzung, Variationen des Führerverhaltens und Variationen in der Zeitdimension. Um zuerst auf die Frage der Gruppenzusammensetzung einzugehen: Ohne Zweifel wird sich eine T-Gruppe, die aus anfänglich Fremden besteht, deutlich von einer T-Gruppe unterscheiden, die aus einem Vorgesetzten und seinen Untergebenen besteht. Erstere wird es als sehr viel leichter empfinden, eine Atmosphäre gegenseitiger Beziehungen zu entwickeln, in der die Teilnehmer frei sprechen, wogegen in der zweiten größere Rücksicht auf die langfristigen Konsequenzen dieses Sichansprechens genommen wird. Bei der Entwicklung der T-Gruppenmethoden wurde anfänglich angenommen, daß die »Sicherheit« einer Gruppe, die aus Fremden besteht, Voraussetzung für das Entstehen eines durch genügend Offenheit gekennzeichneten T-Gruppenklimas sei. Dementsprechend wurden T-Gruppen aus Teilnehmern gebildet, die aus ganz unterschiedlichen Organisationen und Berufen kamen. Eine derartige Verschiedenheit betonte unvermeidlich den »Bestätigungsaspekt« sozialer Vergleiche während der T-Gruppenerfahrung und reduzierte den Aspekt der »Nicht-Bestätigung«. Das liegt daran, daß sich die heterogene Gruppe auf die gemeinsamen Eigenschaften oder Erfahrungen konzentrieren wird. Im Gegensatz dazu treten bei beruflich homogeneren Gruppen Karriererivalitäten, voreilige Mißverständnisse und Aufgabenzwänge stärker in den Vordergrund, was wahrscheinlich das Ausmaß an gegenseitig erzeugter Nicht-Bestätigung erhöhen wird.

Weiter oben wurde angenommen, daß eine ideale T-Gruppe sowohl bestätigend als auch nicht-bestätigend auf ihre Mitglieder wirken würde. Das impliziert, daß die Gruppen sowohl homogen als auch heterogen sein sollten. Ein solcher Schluß ist aber in einer solch einfachen Form nicht überprüfbar. Das kommt daher, daß auch der Grad an Bestätigung und Nicht-Bestätigung in Gruppen der Veränderung infolge von Unterschieden im Verhalten des Führers und der zeitlichen Dauer der Gruppe unterworfen ist. Solange diese nicht konstant gehalten werden, werden gültige Tests der Auswirkungen der Gruppenzusammensetzung nicht möglich sein. Die wenigen vorhandenen Untersuchungen über die Auswirkungen der Gruppenzusammensetzung (Pollack, 1971; Reddy, 1972) lassen erkennen, daß von den Gruppen mit beruflich homogenen Popula-

tionen die Gruppen mit der größten Charakterheterogenität am besten abschneiden.
Die Wahl der T-Gruppenzusammensetzung wird jedoch meistens nicht so sehr davon bestimmt, *wieviel* der Teilnehmer lernen will, als vielmehr von den Zielen des Trainings. In Organisationen herrscht die Auffassung vor, daß organisatorisch relevantes Lernen wahrscheinlich eher in Trainingsprogrammen zustande kommt, die innerhalb der Organisation durchgeführt werden, als in heterogenen Programmen (Winn, 1966). Eine derartige Überlegung ist im Grunde einleuchtend: Wenn ein Schulungsteilnehmer an einem heterogenen Trainingsprogramm teilnimmt, in dem die Grundlagen für sozialen Vergleich und Kontrollprozesse von denen in seiner eigenen Organisation ziemlich verschieden sind, wird er bei seiner Rückkehr wahrscheinlich Intergruppenkonflikte erleben. Seine Loyalität gegenüber seiner T-Gruppe wird von fortbestehenden Verhaltensweisen in seiner Arbeitsorganisation ausgehöhlt werden. Wenn ein derartiger Konflikt auftritt, wird es sehr wahrscheinlich zu dem Ergebnis kommen, daß der Schulungsabsolvent (trainee) das, was er in der T-Gruppe gelernt hat, auf seine Beziehungen zu Freunden und zur Familie anwendet statt innerhalb seiner Arbeitsorganisation. Wie wir im nächsten Kapitel sehen werden, haben Organisationen sich bemüht, dieses Problem zu lösen, indem sie nicht Individuen zu ändern versuchen, sondern ganze Organisationen.
Der potentielle Einfluß des Führers auf das Ergebnis der T-Gruppe ist sehr groß. T-Gruppen werden häufig wegen der relativen Passivität des Führers als »unstrukturiert« bezeichnet. Man hätte sich keine falschere Bezeichnung ausdenken können. Es gibt zur Zeit vielleicht drei typische Formen, in denen die verschiedenen Führer gegenwärtig ihre Gruppen strukturieren. Der am häufigsten anzutreffende Führungsstil läßt sich vom Einfluß der National Training Laboratories (N.T.L.) in den Vereinigten Staaten ableiten. Ein solcher Führer verhält sich ganz ähnlich wie ein Gruppenmitglied. Er gibt der Gruppe zu erkennen, wie er möchte, daß sie sich durch sein Vorbild entwickelt. Er bringt zum Beispiel seine Gefühle gegenüber Gruppenmitgliedern zum Ausdruck und ermutigt andere, es ebenso zu machen. Ein zweiter Führungsstil, der in Großbritannien ziemliche Bedeutung hatte, wird oft mit dem Tavistock-Institut in Verbindung gebracht und geht auf das klinische Modell zurück. Der Tavistock-Trainer bewahrt Distanz zu seiner Gruppe. Es ist möglich, daß er nicht antwortet, wenn er angesprochen wird. Er sieht seine Rolle darin zu *interpretieren*, was in der Gruppe passiert. Der dritte Führungsstil hat sich in jüngster Zeit entwickelt, und ich möchte ihn als Führungsstil von »Begegnungsgruppen« (encounter leadership)

bezeichnen. Der Führer von Begegnungsgruppen leitet seine Gruppe mit Hilfe von Anweisungen. Er macht ausgiebigen Gebrauch von Übungen, zu denen vor allem nicht-verbale Übungen oder der Gebrauch von Phantasie oder von Rollenspielen gehören. Die Unterschiede zwischen diesen drei Stilen sind keineswegs fest umrissen.

Alle weiter oben besprochenen Folgestudien wurden mit Gruppen nach dem N.T.L.-Muster durchgeführt. Wenn man sich überlegt, wie lange schon mit Tavistock-Gruppen gearbeitet wird, ist es bedauernswert, daß bis vor kurzem keine Untersuchungen über ihre möglichen unterschiedlichen Auswirkungen durchgeführt wurden. Harrow u. a. (1971) stellten fest, daß Führerschaft nach dem Tavistock-Führungsstil tatsächlich eine von dem N.T.L.-Führungsstil sehr abweichende Gruppenstruktur erzeugte. Ihre Studie beruhte darauf, daß jede Versuchsperson an einer Gruppe jeden Typs teilnahm. Es wurde jedoch nicht gemessen, welche Konsequenzen diese unterschiedlichen Führungsstile dafür hatten, was und wieviel gelernt wurde. Lieberman u. a. (1972) verglichen eine große Anzahl N.T.L.-Führungsstile und Führungsstile von Begegnungsgruppen. Es ließen sich wesentliche Unterschiede in den Auswirkungen feststellen. Versuchspersonen waren auf sechzehn Gruppen verteilte Studenten in Stanford. Es stellte sich heraus, daß die aggressivsten Führer mehr Dropouts in ihrer Gruppe hatten, einen geringeren Anteil günstiger und noch sechs Monate nach dem Training feststellbarer Veränderungen und einen höheren Anteil Geschädigter aufzuweisen hatten (Yalom u. a., 1971). Die von diesen Autoren verwandte Definition für Geschädigte bedarf der Überprüfung, berührt aber nicht die zwischen den verschiedenen Führungsstilen festgestellten Unterschiede.

Dem Bestätigungs-Nichtbestätigungs-Modell zufolge würde man erwarten, daß der effektive Führer sein Verhalten der Situation entsprechend variieren würde. Man könnte erwarten, daß er sich bemüht, bestätigende Erfahrungen in nicht-bestätigenden Situationen und einige nicht-bestätigende Erfahrungen in völlig bestätigenden Situationen zu erzielen. In gewissem Umfang ist das tatsächlich zu beobachten, da unterschiedliche Gruppenführungsstile entstehen. Die relativ akzeptierenden N.T.L.-Führer zum Beispiel haben sich am stärksten mit dem Training innerhalb von Organisationen beschäftigt. Führer von Begegnungsgruppen sind fast völlig außerhalb der Organisationen geblieben. Tavistock-Führer haben sowohl in als auch außerhalb von Organisationen gearbeitet. Der Autor ist aber der Meinung, daß ihr Trainingsstil am besten für eine Arbeit außerhalb der Organisation geeignet ist.

Einige Forscher haben die Vermutung geäußert, daß Identifikation mit dem Führer ein wichtiger Mechanismus beim Lernen in T-Gruppen ist.

Peters (1966) und Bolman (1971) wiesen beide einen Zusammenhang zwischen der Identifikation mit dem Führer und Veränderungen in der Gruppe nach. Cooper (1969) zeigte jedoch, daß nach dem Gruppentraining Verhaltensänderungen am Arbeitsplatz infolge der Identifikation mit dem Führer nicht mit Erfolg vorausgesagt werden konnten, wogegen eine Voraussage solcher Veränderung am Arbeitsplatz danach möglich war, ob der Führer im Verlauf des Trainings als »aufrichtig« angesehen wurde oder nicht. Es müssen noch mehr Studien durchgeführt werden, damit klarer wird, wie Führer das Ergebnis von T-Gruppen beeinflussen.

Die letzte hier noch zu erwähnende Variable, die das T-Gruppenergebnis beeinflußt, ist die Zeit. Die Überschrift dieses Kapitels verweist auf die zeitlich begrenzte Natur der T-Gruppe. Miles (1964) hat darauf hingewiesen, daß viele zeitlich begrenzte Systeme Eigenschaften gemeinsam haben, die ihrer vorübergehenden Natur entspringen. Folglich teilen, ebenso wie T-Gruppen, alle anderen Trainingsprogramme, bei denen die Teilnehmer zusammen wohnen, wie Ferien, *ad hoc*-Arbeitsgruppen, Schiffsreisen, Komitees und Faschingsveranstaltungen die Eigenschaften erhöhter Spontaneität, interpersonaler Risikobereitschaft und des offeneren Ausdrucks von Gefühlen. Alle diese Situationen stoßen mehr oder weniger die etablierten Grundlagen für sozialen Vergleich und Kontrolle um und erzeugen damit Innovationsdruck.

Manche dieser zeitlich begrenzten Systeme rufen ohne Zweifel mehr langfristige Veränderungen hervor als andere, möglicherweise weil einige länger dauern als andere. Bunker und Knowles (1967) wiesen zum Beispiel nach, daß T-Gruppen, die sich über drei Wochen erstreckten, hinterher am Arbeitsplatz mehr verifizierte Veränderungen erzeugten als T-Gruppen, die sich nur über zwei Wochen erstreckten. Ein wichtiger Bestandteil ist aber das Maß an Verknüpfung zwischen dem zeitlich begrenzten und dem überdauernden System. Trainingsprogramme und Arbeitsgruppen innerhalb einer Organisation bilden zeitlich begrenzte Systeme, sie werden aber nichtsdestoweniger in Abhängigkeit von den Werten der Organisation geleitet. Ferien und Faschingsveranstaltungen weisen keine solche Verbindung zu organisatorischen Werten auf. Tatsächlich ist ihre Attraktivität oft um so größer, je losgelöster sie von derartigen Werten sind. Nach einer Unterscheidung von Schein und Bennis (1965) werden Trainingsprogramme und Arbeitsgruppen »organisationsbezogenes« Lernen bewirken, während Ferien und Faschingsveranstaltungen »personenbezogenes« Lernen erzeugen werden. Es besteht natürlich kein Grund, warum personenbezogenes Lernen nicht auch in Organisationen anwendbar sein sollte. Es ist jedoch wahrscheinlicher, daß es sich bei Veränderungen, die sich aus organisationsbezogenen Programmen ergeben, um Veränderungen handelt, die mit der Organisation in Einklang stehen. Aus diesem Grund sind Organisationen in manchen Fällen dazu übergegangen, Trainingsprogramme zu bevorzugen, die zum Ziel haben, ihre ganze Struktur und ihr ganzes Klima zu ändern. Die Teilnahme eines Individuums an einer T-Gruppe, wie sie in diesem Kapitel beschrieben wurde, könnte Bestandteil eines solchen Planes, besonders in seinen frühen Phasen, sein. Aber vom Standpunkt der Organisation aus gesehen könnte die Hauptbedeutung einer solchen Erfahrung darin bestehen, daß sie das Interesse des T-Gruppenteilnehmers (trainee) an Veränderung und Innovation fördert. Vom Standpunkt des Individuums aus gesehen könnte die Bedeutung beträchtlich größer sein, wie das Forschungsmaterial, von dem wir berichtet haben, gezeigt hat.

Tabelle 3 *Einige Merkmale verschiedener Trainingsmethoden beim Human-Relations-Ansatz*

Merkmal	T-Gruppen	Andere Methoden
Führungsanforderungen an den Trainer	Vom Führer wird beträchtliches Training verlangt, wenn er seine Arbeit kompetent bewältigen soll.	Führungsfähigkeiten sind leichter zu erwerben.
Zeitdimension	Ein beträchtlicher Zeitraum ist erforderlich, möglichst zusammenhängend.	Sie lassen sich viel müheloser in kleinen aufeinanderfolgenden Zeiteinheiten planen oder miteinander vermischen.
Teilnahmebedingungen	Sie werden keinen Erfolg haben, wenn die Teilnehmer nicht wirklich Freiwillige sind.	Sie sind weniger anfällig für geringe Teilnehmermotivation.
Wahrscheinliche Konsequenzen	(1) Erhöhtes Interesse, organisatorische Verfahren zu ändern. (2) Aufrichtigkeit wird machiavellistischem Verhalten vorgezogen. (3) Feste Bindungen zwischen Trainingsteilnehmern, besonders, wenn sie hinterher in Kontakt bleiben.	Jede dieser drei Konsequenzen könnte aus der Anwendung anderer Methoden entstehen; die Wahrscheinlichkeit ist aber geringer.

Dieses Kapitel wurde ausschließlich einer einzigen Trainingsmethode gewidmet, die verhältnismäßig genau erforscht worden ist. Es gibt sicherlich eine Vielzahl anderer Methoden, mit Hilfe derer man versuchen könnte, die Fähigkeiten zu erhöhen, organisatorisches Verhalten zu diagnostizieren und nach den eigenen Diagnosen zu handeln. Man könnte zum Beispiel Fallstudien, Rollenspiele oder Unternehmensspiele (business games) verwenden. Obwohl einige dieser Methoden viel häufiger als T-Gruppen angewandt werden, sind sie paradoxerweise viel weniger erforscht worden (Smith, 1968). Trotz des Fehlens von Forschungsdaten ist es jedoch klar, daß man T-Gruppen unter anderen Umständen für ein Training verwenden würde als die anderen Methoden. Einige Eigenschaften der verschiedenen Methoden sind in Tabelle 3 gegenübergestellt. Andere Methoden als T-Gruppen sind zu verwenden, wenn die Bedingungen nicht gegeben und die Konsequenzen nicht erwünscht sind, die in der linken Spalte der Tabelle genannt werden.
Wir wenden uns nun dem schwierigen Problem zu, die in diesem Kapitel beschriebenen Methoden auf Organisationen anzuwenden.

Zusammenfassung

Um zu einem besseren Verständnis von Gruppen und Organisationen zu gelangen, ist es erforderlich, daß die Geschicklichkeit des Individuums im Umgang mit anderen gefördert wird. In T-Gruppen wird das dadurch versucht, daß eine Gruppe gebildet wird, deren Teilnehmer ihre eigenen Beziehungen untersuchen und zu modifizieren versuchen. Die Wirkung von T-Gruppen beruht auf sozialem Vergleich innerhalb der Gruppe und auf der Immunität gegenüber sozialen Kontrollansprüchen anderer Organisationen.
Evaluierungsstudien lassen erkennen, daß ungefähr zwei Drittel der Trainingsteilnehmer anhaltende Veränderungen in ihrem Verhalten aufweisen und kaum schädigende Auswirkungen festzustellen sind. Die erfolgreiche T-Gruppe erzeugt für ihre Teilnehmer mit Hilfe sozialer Vergleiche eine Mischung aus Bestätigung und Nicht-Bestätigung. Der Gruppenleiter kann diese Mischung durch geeignete Variationen der Gruppenzusammensetzung, der Zeitgrenzen und seines eigenen Verhaltens verbessern.
Die Wirksamkeit langfristiger Organisationszwänge auf das Individuum äußert sich darin, daß das Training für Individuen gewöhnlich in einem größeren Zusammenhang organisatorischer Veränderungsplanung gesehen werden muß.

8
Wie das Verhalten von Organisationen verändert wird

Es ist keineswegs leicht, geplante Veränderungen im organisatorischen Verhalten durchzusetzen. In den früheren Kapiteln dieses Buches wurden einige der vielen Möglichkeiten aufgezeigt, wie das Verhalten von Organisationsmitgliedern durch andere in der Organisation oder durch die äußere Umwelt, in der die Organisation arbeitet, beschränkt oder begrenzt werden kann. Wenn das Verhalten in Organisationen verändert werden soll, muß versucht werden, einige dieser Beschränkungen zu durchbrechen. Freilich treten Fürsprecher organisatorischer Veränderung oft dafür ein, daß man nur Veränderungen anstreben sollte, die mit der Bereitschaft der Organisation zur Veränderung oder mit den Erfordernissen ihrer Umgebung »in Einklang« stehen. Es gibt aber so viele Faktoren, die die bestehende Arbeitsweise einer Organisation determinieren, daß jede beliebige Veränderung wahrscheinlich für irgend jemanden oder irgendeinen Teil der Organisation einen Nachteil bedeutet.

Es braucht daher nicht zu überraschen, daß Versuche, Organisationen zu ändern, oft fehlschlagen. Auch Laborexperimenten gelingt es oft nicht, die vorausgesagten Resultate zu erzielen. In einer Hinsicht wenigstens ist derjenige, der organisatorische Veränderungen studiert, besser daran als der experimentelle Sozialpsychologe: Ein viel größerer Teil der Fehlschläge wird nämlich veröffentlicht. Der Grund hierfür ist nicht schwer zu erraten. Innerhalb des Laborexperiments sind Versuchsleiter und Forscher ein und dieselbe Person. Ein Forscher, der ständig Nullergebnisse vorlegt, setzt sich selbst — zu Recht oder Unrecht — der Kritik aus, daß seine experimentellen Techniken schlecht sind. Andererseits ist derjenige, der organisatorische Veränderung befürwortet, wenigstens manchmal nicht mit dem Forscher identisch. Der Forscher, der von einem Mißerfolg, organisatorische Veränderungen zu bewirken, berichtet, kann das tun, ohne Zweifel hinsichtlich seiner eigenen Fähigkeiten zu wecken. Das ist vielleicht der Grund, weshalb die Literatur über Organisationsveränderung reich an »Horrorgeschichten« ist, die nur zu deutlich werden lassen, in welcher Form man Veränderung nicht in Angriff nehmen sollte.

Damit der Leser nicht zu dem Schluß kommt, alle derartigen Veränderungen seien zum Scheitern verurteilt, wird dieses Kapitel mit einem relativ genau skizzierten Erfolgsbericht beginnen.
In den Vereinigten Staaten verfügt das Industrieunternehmen Harwood über eine lange Tradition freiwilliger Versuche, sozialwissenschaftliche Ansätze auf die Lösung seiner Probleme anzuwenden. In einem früheren Kapitel wurde die klassische Studie von Coch und French (1948), die in der Pyjamafabrik von Harwood durchgeführt wurde, erörtert. Im Jahre 1962 übernahm Harwood eine weitere Pyjamafabrik, Weldon. Die beiden Organisationen waren am gleichen Markt tätig und in vieler Hinsicht in einer ähnlichen Situation. Harwood wurde aber mit beträchtlichem Erfolg durch Mitbeteiligung gemanagt, während Weldons autokratisches Management große Verluste machte. Harwood beschloß, den Versuch zu unternehmen, sein Organisationsklima auf Weldon zu »übertragen«. Marrow, Bowers und Seashore (1967) berichten von diesem Versuch. Zwischen 1962 und 1964 war ein intensives Änderungsprogramm im Gange, das technische Berater, Bedienungstraining, innerbetriebliche T-Gruppen auf höheren Ebenen, Gruppendiskussionen auf niedereren Ebenen, Anerkennung der Gewerkschaft, Neuorganisation des Arbeitsflusses und zahlreiche andere Veränderungen einschloß. Bis zu fünf externe Änderer (change agents) befanden sich manchmal in der Organisation, obwohl dort nur insgesamt tausend Personen beschäftigt waren. Die Forscher arbeiteten ziemlich unabhängig von den Änderern (change agents).
Dieser massive Eingriff führte zu dramatischen Veränderungen der Leistung von Weldon. Alle Änderungen wurden mit der Leistung von Harwood verglichen, das als Kontrolle diente. 1962 machte Weldon einen Verlust von 15 % des Anlagekapitals im Gegensatz zu Harwoods Gewinn von 17 %. Bis 1964 erreichte Weldon einen Gewinn von 17 % im Vergleich zu Harwoods 21 %. In der gleichen Zeit fiel der Managerwechsel von 10 % monatlich auf 4 %, während Harwood gleichbleibend unter 1 % lag; und die Abwesenheitsrate fiel von 6 % auf 3 % im Vergleich zu gleichbleibenden 3 % bei Harwood.
Das von Harwood verwandte Managementsystem stimmt mit Likerts weiter oben ausgeführtem partizipativem Modell überein. Likert (1967) unterscheidet vier mögliche Systeme: (1) ausbeutend-autoritär; (2) wohlwollend-autoritär; (3) beratend; (4) partizipative Gruppe. Das vierte System kommt den Praktiken am nächsten, die er als am effektivsten befürwortet; das erste ist am weitesten davon entfernt. Von den

Forschern wurden Fragebogenerhebungen durchgeführt, die erkennen lassen sollten, welche dieser Formen in Weldon und Harwood praktiziert wurden und auch welche Formen vorgezogen wurden. Die Harwoodzahlen bestätigten, daß dort System 4 vorherrschte. Während des 4. Quartals 1962 bewegte sich die Organisation weiter in diese Richtung. Weldon befand sich 1962 auf der Grenze zwischen System 1 und 2; im Laufe des Jahres 1964 hatte es immerhin System 3 erreicht.

Das Hauptänderungsprogramm endete 1964; die Forscher stellten jedoch fest, daß diese Veränderung im Jahre 1966 noch andauerte. Tatsächlich berichten Seashore und Bowers (1970) von einer weiteren Folgestudie, die weitere Schritte auf System 4 zu erkennen ließ, obwohl kein weiteres grundlegendes Training erfolgte und trotz der Tatsache, daß bis 1969 eine erhebliche Anzahl derer, die an dem eigentlichen Änderungsprogramm beteiligt waren, infolge normaler Fluktuation nicht mehr bei Weldon war.

Es handelt sich hier also offensichtlich um einen erfolgreichen Versuch, langfristige grundlegende Änderungen in einer Organisation einzuführen. Wie wurde das erreicht? Bowers und Seashore analysierten Woche für Woche die Produktionsberichte, um festzustellen, welches der Änderungsprogramme am stärksten mit der deutlichen Produktivitätssteigerung korrelierte. Sie geben selbst die Begrenztheit dieses Verfahrens zu — es unterstreiche die kurzfristigen Auswirkungen und neige dazu, Änderungsbemühungen zu ignorieren, die längerfristige Auswirkungen aufweisen. Sie kamen zu dem Schluß, daß vier Vorgänge stark mit den Produktivitätssteigerungen korrelierten:

Individuelles Training derjenigen, die eine unterdurchschnittliche Produktivität aufwiesen;
T-Gruppen für Vorgesetzte und Personal;
Entlassung einer geringen Anzahl von Arbeitern mit besonders geringer Produktivität;
Diskussionsgruppen mit Fabrikarbeitern.

Diese Aufzählung impliziert, daß die »technologischen« Veränderungen, wie Änderungen des Arbeitsflusses, Änderungen der Auswahl und des anfänglichen Trainings bei der Erzielung dieses Effektes nicht von Bedeutung waren. Es waren mehr die »interpersonal-orientierten« Aspekte, die den größten Einfluß hatten. Marrow u. a. weisen jedoch darauf hin, daß die technologischen Neuerungen mitgeholfen haben mögen, ein Klima zu erzeugen, in dem die interpersonalen Neuerungen leichter akzeptiert werden konnten.

Einige andere Forscher haben festgestellt, daß die Verwendung von T-Gruppen in Organisationen zu einer stärkeren Übernahme partizipativer oder an System 4 orientierter Managementformen führen kann. Golembiewsky und Carrigan (1970 a) zum Beispiel verwandten Likerts Fragebogen bei einer Gruppe von sechzehn Verkaufsmanagern. Nach dem Training wurden Veränderungen von System 3 auf System 4 zu festgestellt. Weitere zweimalige Anwendung des Fragebogens zeigte, daß die Änderungen zumindest achtzehn Monate nach dem Training noch anhielten (Golembiewsky und Carrigan, 1970 b). In diesem Fall gab es keine Kontrollgruppe, so daß man weniger sicher sein kann, daß die Veränderungen mehr dem Training als äußeren Faktoren zuzuschreiben waren. Weitere organisatorische Entwicklungsprogramme, die sich stark auf die Verwendung von T-Gruppen stützen, werden von Beckhard (1966) und Davis (1967) beschrieben. In beiden Fällen werden weder quantitative Messungen vorgenommen, noch wird irgendeine Art von Kontroll- oder Vergleichsgruppe herangezogen; es werden aber grundlegende Änderungen in der organisatorischen Arbeitsweise geltend gemacht. Beckhard arbeitete mit einer Hotelkette und Davis mit einem Unternehmen des Raumfahrtprogramms.

Benedict u. a. (1967) haben genau über ein Programm berichtet, das mit T-Gruppen arbeitete, aber mißlang. In diesem Fall sollte ein Schulsystem, »South Stanton« in New Jersey, verändert werden. Wie bei der Weldonstudie wurde klar zwischen Trainern und Forschern unterschieden, obgleich das nicht immer leicht war. Kontrolldaten erhielt man aus einem vergleichbaren Schulsystem, in dem kein Training durchgeführt wurde. Der Änderungseingriff wurde in diesem Fall in Zusammenarbeit mit dem Inspektor des Schulsystems vorgenommen. Eine Reihe von Probeinterviews wurde durchgeführt, die zu einem viertägigen Seminar führten, an dem der Inspektor und vierundzwanzig Mitglieder seines Systems teilnahmen. Aus diesem Seminar ergaben sich keine weiteren Aktivitäten, und spätere Messungen ergaben, daß man nur geringfügige Veränderungen erreicht hatte. Ein Vergleich dieses Projekts mit dem Weldonprojekt zeigt, daß offensichtlich ein Unterschied im Organisationstyp besteht, aber angesichts weiterer Beispiele, die kurz untersucht werden sollen, scheint das nicht der Hauptunterschied zu sein. Zwei weitere Unterschiede bestanden in der zeitlichen Dauer des Projekts und darin, bis zu welchem Grad sich das höhere Management bei dem Projekt engagierte. Ungefähr ein Jahr nach Beginn des Weldonprojekts war nur wenig Verbesserung feststellbar. Trotzdem besaß das Management genügend Engagement, mit dem Programm fortzufahren und machte schließlich seine Verluste mehr als wett. Im Gegensatz dazu wurde das Schulprojekt beim ersten Zeichen, daß das Training keine schnelle Verbesserung zeitigen würde, aufgegeben. Bei Weldon ging die Initiative zu dem Änderungs-

projekt vom Management aus, das sich nach außen wandte und die erforderlichen Hilfsmittel fand. Wiederum im Vergleich dazu waren es bei der Studie von Benedict u. a. die Änderer, die sich an den Schulinspektor wandten und dringend um seine Beteiligung bei ihrem Änderungsprojekt baten. Der Inspektor war deshalb zwangsläufig sehr viel weniger bei dem Projekt engagiert als das Harwoodmanagement bei dem seinigen.
Schmuck u. a. (1969) berichten fesselnd von einem Eingriff in einer Junior High School (eine Art Aufbauschule zur Highschool; dritt- und viertletzte Klasse der Grundschule und erste Klasse der Highschool. Anm. d. Übers.) namens Highland Park in Portland, Oregon, der dauerhaftere und günstigere Folgen hatte. Hauptbestandteil des Trainings war ein einwöchiges Programm für das gesamte Schulpersonal kurz vor Beginn des Schuljahres. Das Programm umfaßte sowohl T-Gruppen als auch Übungen, die die Vermittlung des Lehrstoffes in den besonderen, in der Schule vorherrschenden Situationen erleichtern sollte. Aus diesem Programm ergaben sich eine Reihe weiterer Aktivitäten, die ständige Kontakte mit den externen Änderern zur Folge hatten. Im darauffolgenden Sommer organisierte das Schulpersonal selbst, ohne Hilfe von außen, ein weiteres Trainingsprogramm. Fragebogenerhebungen zeigten an, daß in der Art, wie das Schulpersonal seine Situation beschrieb, einige andauernde Änderungen erreicht wurden. Insbesondere schätzten sie das Verhalten ihres Rektors viel vorteilhafter ein, sie bewerteten die Effektivität von Lehrerversammlungen viel günstiger, sie wiesen auf mannigfaltige Neuerungen hin, die im Laufe des Jahres eingetreten waren, und sie zeigten geringfügig größere Aufgeschlossenheit und Hilfsbereitschaft. Am Ende des Jahres lagen die Versetzungsgesuche bei 3 % im Vergleich zu 10 % bis 16 % an anderen lokalen Schulen. Die Veränderungen, von denen berichtet wurde, wurden alle mit ähnlichen, aus einigen Kontrollschulen ermittelten, Messungen verglichen, von denen keine vergleichbare Veränderungen aufwies. Schmuck u. a. teilen nur sehr wenige Einzelheiten darüber mit, woher die Initiative für den Eingriff kam. Aus ihrem Bericht ist jedoch ersichtlich, daß der Direktor wesentlich für den Erfolg verantwortlich war. Das Änderungsprojekt wurde der Schule nicht von außen auferlegt, sondern entsprang aus der Schule selbst. Es fehlen in dem Bericht jegliche Einzelheiten über die Tradition dieser Schule, die vielleicht hätten klären können, wie es zu der Initiative kam.
Bei dem Eingriff in Highland Park stand eine einzige Schule im Mittelpunkt, im Gegensatz zu dem Eingriff in South Stanton, der eine Gruppe von Schulen umfaßte, die ein Schulsystem bildeten. Keine der beiden Abhandlungen enthält genügend demographische Daten; es hat aber den Anschein, als ob der Inspektor in South Stanton zum Zeitpunkt des Ein-

griffs einigen konfligierenden Pressionen, die das Rassenproblem betrafen, ausgesetzt war. Die Highland Park Schule in Portland befand sich vermutlich nicht in dieser Lage. Bevor wir zu voreiligen Schlußfolgerungen kommen, warum der eine Eingriff gelang und der andere nicht, wollen wir zuerst den Umfang der Projektbeispiele, die in die Betrachtung einbezogen werden sollen, erweitern. Es gibt eine weitere sorgfältig dokumentierte Untersuchung über Neuerungen im Erziehungssektor. Sie befaßt sich mit dem Versuch, in eine Ghetto-Schule in Boston (»Cambire«) unstrukturierte, entdeckungsorientierte Unterrichtsmethoden einzuführen, wie sie in Großbritannien entwickelt wurden (Gross, Giacquinta und Bernstein, 1971). Die Schule hatte weniger als 200 Kinder und war vom Hauptschulsystem abgetrennt worden, um die Einführung von Änderungen zu erleichtern. Sie war dem für die Stadt zuständigen Amt für Änderungen im Erziehungswesen verantwortlich. Der Lehrkörper stand der Einführung von Änderungen wohlwollend gegenüber. Die Daten von Gross u. a. basieren auf Beobachtung, Interviews und einigen wenigen Befragungen. Im Vergleich zu all den Änderungsprojekten in Organisationen, die wir bisher besprochen haben, wurden weder externe Änderer eingesetzt, noch gab es irgendwelche T-Gruppen. Tatsächlich ging der einzige Anstoß zur Veränderung von zwei Schriften des Direktors des Amtes für Änderungen im Erziehungswesen aus. Diese entwickelten die Philosophie des neuen Ansatzes, überließen es jedoch vollständig den Lehrern, Methoden zu ihrer praktischen Anwendung auszuarbeiten. Dieser Änderungsversuch war ein völliger Fehlschlag: Aus einer Highschool mit einer guten Arbeitsmoral machte er eine Highschool mit einer schlechten Arbeitsmoral. Dem Beobachtungsmaterial zufolge, das fünf Monate später gesammelt wurde, bediente sich ein Lehrerpaar der neuen Methoden während 40 % der Zeit, ein Paar während 24 % der Zeit und keines der übrigen Paare während mehr als 13 % der Zeit.
Gross u. a. kommen zu dem Schluß, daß für das Gelingen einer Neuerung fünf Bedingungen gegeben sein müssen, von denen keine auf Cambire zutraf. Erstens müssen die Organisationsmitglieder eine klare Vorstellung von der Art der beabsichtigten Neuerung haben; zweitens müssen sie die erforderlichen Fähigkeiten zu ihrer Durchführung besitzen; drittens müssen sie über die Mittel verfügen, sie auszuführen; viertens müssen andere bereits bestehende Organisationsverfahren mit der Neuerung im Einklang stehen statt im Widerspruch; und fünftens müssen die Organisationsmitglieder willens sein, die Neuerung durchzuführen. Weil in Cambire die ersten vier Bedingungen nicht erfüllt waren, wurde die anfängliche Bereitschaft der Lehrer zu Neuerungen untergraben. Der größte Fehler der Innovatoren in Cambire war vielleicht, daß

sie offensichtlich nicht in der Lage waren zu erkennen, daß ihre Vorschläge die Lehrer dem starken Zwang aussetzten, neue Fähigkeiten zu entwickeln, während sie ihnen gleichzeitig keine Gelegenheit dazu gaben. Gross u. a. äußern sich vorsichtig über die weitverbreitete Verwendung von T-Gruppen bei Änderungsversuchen in Organisationen; in Cambire scheint aber die Lage so gewesen zu sein, daß ihre Anwendung völlig gerechtfertigt gewesen wäre. Die Lehrer hätten ganz erhebliche Fähigkeiten benötigt, ganz ähnlich denen, wie sie mit Erfolg durch das Highland-Park-Projekt entwickelt wurden.

Zweifellos gibt es Situationen, in denen die Verwendung von T-Gruppen zur Erreichung von Änderungen in Organisationen ungeeignet ist. Schein und Bennis (1965) berichten von mehreren Fallstudien zu derartigen Situationen. Diese drehen sich überwiegend um Neuerungsverfahren, die nicht in ausreichender Weise vom höheren Management gebilligt werden. Das Training wird durchgeführt, ohne daß das höhere Management etwas davon weiß. Wenn das später entdeckt wird, wird das Training unter beträchtlichen Feindseligkeiten auf beiden Seiten abgebrochen. Die hieraus resultierenden möglichen Konsequenzen werden am besten durch den von Sykes (1962) dargestellten Fall veranschaulicht. Das von ihm untersuchte Programm basierte nicht auf T-Gruppen, sondern auf einem orthodoxeren Human-Relations-Training für Meister. Das Programm weckte bei den Meistern die Erwartung, daß sie in Zukunft in der Firma mehr zu sagen hätten. Als sich diese Erwartung als falsch erwies, kündigten in weniger als einem Jahr mehr als die Hälfte der trainierten Meister.

Ein Versuch, den Effekt des Gruppentrainings stärker auf organisatorische Änderungen anzuwenden, bestand in dem von Blake und Mouton (1964) entwickelten »Managernetz«(managerial grid)-Programm. Im wesentlichen tritt es dafür ein, daß Manager dahingehend trainiert werden sollten, gleichermaßen starkes Gewicht auf die Prioritäten der Produktion und der nichtpersonalen Beziehungen zu legen, und daß sie, wenn die beiden Prioritäten in Konflikt miteinander geraten, keine Kompromisse schließen sollten. Diesem Argument zufolge handelt es sich dann um annehmbare Problemlösungen, wenn sowohl auf die Produktion als auch auf das Interpersonale gerichtete Kriterien erfüllt werden. Blake, Mouton, Barnes und Greiner (1964) berichten über eine Evaluierung der Anwendung dieses Programms in einer großen Ölgesellschaft, »Sigma«. Achthundert Manager nahmen an einwöchigen Trainingsprogrammen teil; es folgte weiteres Training, bei dem Arbeitsgruppen ihre Zeit damit verbrachten, sich mit den Auswirkungen ihres früheren Trainings auf ihre zukünftige gemeinsame Arbeit auseinanderzusetzen.

Bei dieser Untersuchung gab es keine Kontrollgruppe; die Forscher schrieben aber Gewinne von mehreren Millionen Dollars den Auswirkungen des Trainings zu. Auch wurden deutliche Änderungen im Verhalten festgestellt. Der Umfang dieser Intervention erinnert an das Weldonprojekt; es wurden auch ähnlich deutliche Effekte gefunden. In diesem Fall ist es jedoch weniger gewiß, wodurch diese Effekte hervorgerufen wurden, da gleichzeitig andere bedeutende Ereignisse eintraten, zum Beispiel, daß 600 Leute überflüssig wurden.

Von Smith und Honour (1969) wurde, unter Verwendung von Kontrollgruppen, eine Untersuchung über die Auswirkungen des »Managernetz«(managerial grid)-Trainings durchgeführt. In der Fabrik (»Alpha«), dem Trainingsobjekt, stellte man Änderungen fest, die in der Kontrollfabrik (»Beta«) nicht auftraten. Diese Änderungen beeinflußten aber nur eine Minorität der Trainingsabsolventen (trainees) und waren nicht so ausgeprägt wie die von Blake u. a. festgestellten. Nach Blakes Modell hätten die Hauptvorteile in einem späteren Stadium auftreten müssen, aber das Management war nur mit halbem Herzen bei dem Projekt und führte es nicht weiter durch. Wie beim Schulsystem South Stanton reichte sein Engagement angesichts anfänglicher entmutigender Ergebnisse nicht aus, die Bemühungen fortzusetzen.

Friedlander (1970) meinte, eine Determinante des Erfolges oder Mißerfolges von T-Gruppen in Organisationen gefunden zu haben. Nachdem er die Resultate von T-Gruppen in einer Forschungs- und Entwicklungsstation der US Army überprüft hatte (Friedlander, 1967), stellte er fest, daß die Gruppen, die vorteilhafte Ergebnisse aufwiesen, bereits zu Beginn viel Vertrauen hatten, während diejenigen, die schlechter abschnitten, am Anfang wenig Vertrauen hatten. Das Vertrauen selbst änderte sich nicht; Friedlander behauptet aber, daß es zwischen den anderen Variablen vermittelte. Dieses Ergebnis stimmt nicht mit den in Weldon erzielten Ergebnissen überein. Dort war das Vertrauen anfänglich extrem niedrig. Man könnte vielleicht daraus schließen, daß Erfolg in jedem Fall *leichter* eintritt, wenn das Vertrauen am Anfang groß ist. Auch Greiner (1967 a, b) hat den Versuch unternommen, einige Faktoren darzustellen, die erfolgreiche Organisationsveränderung von Fehlschlägen unterscheiden helfen. Bei Sigma kam er zu dem Schluß, daß sowohl die Geschichte des Unternehmens während der letzten dreißig Jahre als auch Blakes Prestige als Änderer in Betracht gezogen werden müßten (1967 a). Allgemeiner ausgedrückt: Er vermutet, daß erfolgreiche Änderungen häufig sowohl mit einem bestimmten Maß an externem Druck auf die Organisation als auch mit interner Spannung oder internem Konflikt verbunden sind; außerdem mit dem Einsatz sowohl externer als auch interner Änderer. Druck von außen und interne Konflikte werden die Organisation wahrscheinlich motivieren, Lösungen für ihre augenblicklichen Probleme zu suchen. Falls externe Änderer gut ausgewählt sind, bedeutet ihr Einsatz, daß die Organisation über genügend Spezialisten verfügt, um sich mit diesen Problemen auseinanderzusetzen. Greiners Aufstellung unterscheidet sich stark von den Voraussetzungen für Erfolg, die Gross angenommen hat, als er das Mißlingen des Änderungsprojektes in der Cambire-Schule analysierte. Greiners Aufstellung ist globaler, die von Gross spezieller. Wahrscheinlich spiegeln die Unterschiede die verschiedenen Forschungsgebiete wider, aus denen die Autoren ihr Datenmaterial gewonnen haben. Zumindest einige Unternehmen in der Industrie haben es zu einer beträchtlichen Differenziertheit bei der Einführung von Veränderung gebracht. Wenn eine Veränderungsbemühung mißlingt, liegt das wahrscheinlich weniger an offensichtlich nicht erfüllten Vorbedingungen wie Information, Hilfsmittel und Training, sondern beruht eher auf komplexeren Faktoren. Im Erziehungswesen und auf dem sozialen Dienstleistungssektor andererseits ist die Meinung weit verbreitet, daß grundlegende Änderungen durch Verordnungen erreicht werden können. Das macht die Studie von Gross u. a. deutlich; es gibt aber noch viele andere Fälle.

Ein Projekt, das die Vorbedingungen für eine Veränderung zu schaffen suchte und trotzdem fehlschlug, war das Hospital-Internal-Communications-Projekt in Großbritannien (Wieland und Leigh, 1971; Revans, 1972). Hier wurde versucht, das Kommunikationsverhalten in zehn Krankenhäusern in und um London zu verbessern. In jedem Krankenhaus wurde eine Änderungsgruppe geschult. Das Training konzentrierte sich auf Interviewmethoden und Fragebogenkonstruktion. Anschließend führte jedes Team alle möglichen Erhebungen in seinem Krankenhaus durch. Ein spezielles Forschungsteam maß die Auswirkungen der von den zehn Gruppen durchgeführten Erhebungen. Man stellte nur geringe Änderungen fest. Einge Mängel dieses Projektes scheinen zu sein, daß keine Klarheit darüber bestand, welche Änderungen erwünscht waren, daß die Bemühungen über ein weites Gebiet verstreut wurden und daß das durchgeführte Training von fragwürdiger Bedeutung war. Ein derartiges Training unterstellt, daß sich ein Problem, wenn es erst einmal mit Hilfe einer geeigneten Erhebung erkannt worden ist, von selbst lösen wird. Wie im Fall Cambire stand die Durchführung von Änderungen auf schwachen Füßen.

In früheren Kapiteln dieses Buches wurde großer Nachdruck auf die Bedeutung der Umwelt bei der Bestimmung sozialen Verhaltens gelegt. Es wurde die Ansicht geäußert, daß jede Umwelt eine besondere, ihr ent-

sprechende Organisationsform verlangt. Die meisten der in diesem Kapitel dargestellten Projekte beschäftigen sich mit der Verwendung partizipativer Gruppenmethoden. In vielen Situationen besteht ein starkes Bedürfnis nach solchen Methoden; wenn aber die frühere Darstellung richtig ist, gibt es andere Situationen, in denen Veränderungen anders als mit Hilfe partizipativer Verfahren herbeigeführt werden müßten. Die von Taylor (1971) durchgeführte Untersuchung bestätigt diese Annahme. Er beurteilte die Auswirkungen von Programmen, die versuchen, Organisationen auf Likerts System 4 hinzubewegen. Das Programm versagte bei einer Versicherungsgesellschaft, während es in einer Raffinerie Erfolg hatte. Taylor analysiert die aus der Raffinerie stammenden Daten und stellt fest, wie vorausgesagt, daß bei Arbeitsgruppen, die sich komplexer Technologie bedienten, die Entwicklung auf System 4 zu bedeutend stärker war.
In Kapitel 6 wurde dem Konzept der Differenzierung und Integration organisatorischer Strukturen von Lawrence und Lorsch eine gewisse Bedeutung beigemessen. Ihr Ansatz impliziert, daß ganz verschiedene Arten organisatorischen Eingreifens erforderlich sind, je nachdem ob es zum Beispiel nötig ist, Differenzierung zu erhöhen oder zu vermindern. Lawrence und Lorsch (1969) berichten über einige Fälle, bei denen sie das zu erreichen versuchten. Ihr Ansatz hängt stark von ihren Diagnoseverfahren ab. Mit Hilfe von Fragebogen und Interviews gelangen sie zu Zahlen über den tatsächlichen und den angestrebten Zustand organisatorischer Differenziertheit und Integration. Diese Ergebnisse werden dann dem Management der Organisation mitgeteilt. Ein geeignetes Training wird in Zusammenarbeit entworfen. Dies ist in Form von Gruppendiskussionen, Fallstudien usw. möglich; Lawrence und Lorsch teilen aber kaum Einzelheiten über ihre Verfahren mit. Eine Bewertung dieses Ansatzes muß aufgeschoben werden, solange nicht nähere Einzelheiten über das Training und publizierte Auswertungen der Effekte vorliegen.

Einige Fragen zu Werten und künftigen Entwicklungen

Die in diesem und im vorigen Kapitel dargestellten Untersuchungen lassen erkennen, daß wir wenigstens manchmal in der Lage sind, das Verhalten von Organisationen und Individuen ziemlich nachhaltig zu beeinflussen. Diese Fähigkeit wird wahrscheinlich im Laufe der Zeit eher zu- als abnehmen. Der nun folgende Abschnitt ist der Überlegung gewidmet, wie diese Fähigkeit genutzt werden sollte.
In diesem Kapitel wurde über Projekte berichtet, in denen versucht

wurde, Schulen, Krankenhäuser, Fabrikationsbetriebe, Versicherungsunternehmen und eine Militärorganisation zu verändern. Aus Platzmangel konnten ähnliche, aber weniger exakte Forschungsversuche in Gefängnissen, Nervenanstalten, Universitäten, der Kirche usw. nicht untersucht werden. Autoren, die über den Entwicklungsprozeß in Organisationen geschrieben haben, stellten diesen Prozeß ziemlich oft so dar, als ob es sich um eine Technologie handelte, die auf jegliche Art von Organisation anwendbar ist, welche Ziele sie auch immer verfolgen mag. Dieses Modell des wertfreien »Technikers«, der die Verhaltensbedürfnisse von Organisationen wartet, um ihre Effektivität zu erhöhen, ist schwer aufrechtzuerhalten. Wenn man versucht, die Effektivität einer Organisation zu erhöhen, wird man fraglos in die Ziele jener Organisation verwickelt. Der Prozeß der Organisationsentwicklung mag neutral sein — der Verfasser hat nicht nur von seiner Anwendung in US-Armeeeinrichtungen gehört, sondern auch von seiner Anwendung unter maoistischen Studentengruppen in Südamerika — der Änderer aber, der sich mit einer bestimmten Organisation beschäftigt, ist weit davon entfernt, neutral zu sein. Sein Eingriff wird im Zusammenhang mit den in der Organisation existierenden Werten beurteilt, und seine Beteiligung verleiht ihm ein gewisses Maß an Verantwortung für das Verhalten in der Organisation. Dieser Punkt wird gut von einer kürzlich von Teahan (o. J.) durchgeführten Untersuchung veranschaulicht. Teahan untersuchte die Wirkung von T-Gruppen und Rollenspielen auf schwarze und weiße Rekruten der Detroiter Polizei. Das Training konzentrierte sich auf das Rassenproblem. Es stellte sich heraus, daß die weißen Trainingsteilnehmer (trainees) hinsichtlich Kontrollen *mehr* und die schwarzen Trainingsteilnehmer weniger Vorurteile entwickelten. Teahan nimmt an, daß es deshalb zu diesem Ergebnis gekommen sei, weil die weißen Polizeibeamten meinten, durch den Nachdruck, der auf das mehrrassige Training gelegt wurde, würden ihre Befürchtungen bestätigt, daß die Polizeispitze zugunsten der schwarzen Rekruten voreingenommen sei. Bei diesem speziellen Projekt trug also ein gutgemeintes Programm dazu bei, ein Verhalten zu verstärken, das es abbauen sollte.

Einer der Gründe, warum Wertprobleme akuter werden, wenn man vom individuellen Training zur Organisationsentwicklung übergeht, ist darin zu sehen, daß das Freiwilligkeitsproblem an Bedeutung gewinnt. Für einen einzelnen ist es relativ leicht, die Teilnahme an einem Trainingsprogramm abzulehnen; wenn eine ganze Organisation beteiligt ist, wird die individuelle Entscheidungsfreiheit stark eingeschränkt. Die Teilnahme an dem Detroiter Polizeiprojekt und an dem in Weldon durchgeführten Training war zum Beispiel obligatorisch. Versuche, Verhalten mit Hilfe von Zwang zu ändern, haben eine lange und nicht besonders ruhmreiche Geschichte. Die Folgen des Zwangs hängen zum großen Teil von der Wechselwirkung zwischen Änderungsziel und Änderungsmethode ab. Wenn die Polizei zum Beispiel versuchte, Aufgeschlossenheit bei ihren Beamten zu erzwingen, erkannten die Trainingsteilnehmer (trainees) schnell den Widerspruch. Auf der anderen Seite akzeptierte die Belegschaft von Weldon — trotz des starken Drucks zur Teilnahme am Training — den Zwang, da das Management gleichzeitig auf andere Weise seine guten Absichten erkennen ließ. Es mag daher einige Methoden geben, die im Falle einer erzwungenen Einführung von Änderungen *effektiver* sind als andere; das liefert aber noch überhaupt keine Richtlinien dafür, wann die zulässigen Grenzen der Zwangsanwendung bei der Herbeiführung von Änderungen in Organisationen erreicht sind. Das Ausmaß an Zwang liegt meistens in einer bestimmten Organisationsart begründet; ein Änderer hat eigentlich nur in dem Moment wirkliche Entscheidungsfreiheit, wenn er entscheidet, ob er innerhalb eines bestimmten Systems arbeiten will oder nicht. Von da an wird sein Verhalten in jedem Fall von den Sitten der Organisation her interpretiert.

Die besprochenen Untersuchungen haben gezeigt, wie Änderer ein gewisses Maß an Veränderung in Organisationen erzeugen können. Es sollte auch deutlich geworden sein, daß es sich bei derartigen Veränderungen unter keinen Umständen um tiefgreifende Änderungen handelt. Im Anschluß an das Änderungsprogramm glich jede Organisation in vieler Hinsicht der Organisation, die sie vorher gewesen war. Weldon stellte immer noch Schlafanzüge her, und ihr Management hatte immer noch mehr Einfluß auf das Verhalten in der Organisation als die Arbeiter. Eine Frage, die mit zunehmendem Wissen in verstärktem Maße Beachtung erfordert, ist die, ob solche Änderungen die maximal erreichbare Änderung darstellen oder ob radikal andere Organisationsformen entwickelt werden könnten. Derartige Möglichkeiten wollen wir erst pessimistisch und dann optimistisch betrachten.

Der pessimistische Standpunkt ist vielleicht leichter auf unkomplizierte Weise darzustellen. Im Fortgang dieses Buches haben wir gesehen, auf welche Weise die Prozesse des sozialen Vergleichs und der sozialen Kontrolle die Form bestimmter Gruppen und Organisationen bestimmen. Die Behauptung, es könnten radikale Neuerungen eingeführt werden, hieße zu unterstellen, daß diese Prozesse irgendwie im Schwebezustand gehalten werden könnten. Die Vielfalt der Umstände, unter denen diese Prozesse nachweislich auftreten, läßt das wenig einleuchtend erscheinen.

Der optimistische Standpunkt widerspricht dem. Er behauptet, daß es im Verlauf dieses Jahrhunderts immer dringlicher wird, neue Organisationsformen als Reaktion auf sozialen Wandel zu entwickeln. Die Verallgemeinerungen dieses Buches ergeben sich aus Untersuchungen in Gruppen und Organisationen, so wie sie sind. Es ist von grundlegender Bedeutung, diese sozialpsychologischen Ergebnisse nicht als zeitlose Wahrheiten zu betrachten, sondern als Wahrheiten, die für einen bestimmten Zeitpunkt gelten. Mit den Umständen ändern sich auch die menschlichen Bedürfnisse, und das wird organisatorische Veränderungen sowohl implizieren als auch erlauben. Zwei der weitreichendsten sozialen Änderungen unserer Zeit sind die zunehmende Verbreitung relativen Wohlstandes und eines höheren Bildungsniveaus. Während es um 1900 für eine kleine Gruppe von Männern noch relativ leicht war, eine stark zentralisierte Kontrolle über eine große Organisation infolge ihrer weit überlegenen Kenntnisse und Fähigkeiten aufrechtzuerhalten, trifft das heute immer weniger zu. Heute gibt es Organisationen, in denen die Mehrzahl der Beschäftigten eine sehr gute Ausbildung besitzt. Eine derartige Veränderung bringt die Möglichkeit einer viel stärkeren Beteiligung und eine Verringerung des Einsatzes willkürlicher Kontrollverfahren mit sich. Es ist möglich, daß es in zukünftigen Organisationen immer weniger Gelegenheit für die Ausübung direkter Kontrolle geben wird, dafür aber immer mehr Verhandlungsverfahren, die auf sozialen Vergleichsprozessen beruhen.

Viele Menschen sehnen sich nach einem Zustand, in dem die Aufgabe, mit der sich eine Gruppe oder Organisation beschäftigt, attraktiv ist und sie interessiert und in dem die »interpersonalen« Faktoren des sozialen Vergleichs, der sozialen Kontrolle und der Ausbeutung nicht existieren. Wir haben in Kapitel 7 gesehen, daß derartige Formen intensiver Beteiligung manchmal in zeitlich begrenzten Systemen geschaffen werden können, die unabhängig von externen Kontrollforderungen sind, und daß das Erlebnis einer solchen Beteiligung eine nützliche Erfahrung sein kann. Viel weniger kann aber über die Möglichkeiten gesagt werden, wie eine solche Beteiligung auf lange Dauer geschaffen werden kann. Wahrscheinlich wird in künftigen Jahren zunehmend mit »selbst-geleiteten« Gemeinschaften und Organisationen experimentiert werden. Folgendes sind die zentralen Fragen, mit denen sich solche Organisationen auseinandersetzen müssen: Wie können Probleme der Mittelverteilung und der Gleichheit gelöst werden, wenn keine von außen drohenden Gefahren Einheit nötig machen, wenn die Anwendung willkürlicher Kontrolle ausgeschlossen ist und wenn die langfristige Natur der Interaktion Vermeidung schwierig macht.

Geplante Versuche, Organisationen zu ändern, sind keineswegs immer erfolgreich. Im Falle des erfolgreichen Programmes in Weldon stellte sich heraus, daß die Änderungen stärker mit den »interpersonalen« als mit den technologischen Eingriffen zusammenhingen. Allgemeiner formuliert: Änderungsversuche haben dann Erfolg, wenn ihre Absicht klar ist und wenn die erforderlichen Fähigkeiten, Mittel, Verfahren und Motivationen vorhanden sind. Erfolgreiche Programme sind oft an eine Vorgeschichte äußeren Drucks und innerer Spannung gebunden und an den Einsatz sowohl externer als auch interner Änderer.
Änderer operieren nicht in einem wertfreien Vakuum: Sie tragen einige Verantwortung für die Effekte, die sie hervorrufen. Es hat sich gezeigt, daß ihre Effektivität, was die Förderung von Veränderung betrifft, bis heute erheblich, aber nicht überwältigend war. In Zukunft wird es immer notwendiger, neue Organisationsformen zu entwickeln, damit Veränderungen, die augenblicklich in unserer Gesellschaft im Gange sind, zur Geltung kommen können.
Am Schluß dieses Buches wollen wir einen Blick auf die Beziehung zwischen seinen beiden verhältnismäßig separaten Teilen werfen. Im Mittelpunkt der ersten sechs Kapitel standen die Methoden, mit denen Gruppen und Organisationen, so wie sie heute existieren, beschrieben und analysiert werden können. Im Gegensatz dazu konzentrierten sich die beiden letzten Kapitel auf neue, in der Entwicklung befindliche Methoden zur Einführung von Änderungen in Gruppen und Organisationen. Dem berühmten Sozialpsychologen Kurt Lewin wird die Bemerkung zugeschrieben, daß der beste Weg, etwas zu verstehen, in dem Versuch besteht, es zu ändern. Wenn dieser Gedankengang richtig ist, dann sollte das Material der beiden letzten Kapitel zusätzliche Tests für die Fruchtbarkeit des weiter vorn entwickelten analytischen Gerüstes liefern. Können die Erfolge und Mißerfolge von T-Gruppen und Programmen organisatorischer Entwicklung mit Hilfe der sozialen Vergleichs- und Kontrollprozesse erklärt werden?
Die beiden letzten Kapitel stützen die Ansicht, daß erfolgreiche Änderungsprogramme neue Grundlagen für sozialen Vergleich schaffen, welche eine motivierende Bedeutung für die Organisationsmitglieder haben. Wenn die Mitglieder nicht beteiligt werden oder keine Gelegenheit zum Vergleichen haben, sind die Änderungsbestrebungen fruchtlos. Auch die sozialen Kontrollprozesse spielen bei solchen Veränderungen eine wesentliche Rolle. Programme sind dann erfolgreich, wenn einflußreiche Persönlichkeiten die Änderungsbestrebungen befürworten, nicht aber

die genauen Einzelheiten, wie die Änderungsziele erreicht werden sollen, vorzuschreiben versuchen. Sowohl Änderungen mit Hilfe von Verordnung als auch solche mit Hilfe von durch übergeordnete Autoritätsfiguren aufgerichteten Barrieren werden in ihrem Erfolg wahrscheinlich begrenzt sein.

In früheren Kapiteln wurde ausgeführt, daß die Auswirkungen des sozialen Vergleichs und der sozialen Kontrolle durch umweltbedingte Faktoren — wie die Art der Aufgabe und Wechselbeziehungen zu anderen Gruppen oder Organisationen — vermittelt werden. Auf den Bereich der Veränderungen trifft das besonders zu. Das Versagen existierender Verfahren, Ziele zu erreichen, erzeugt ein Klima, das für Neuerungen empfänglich ist, und die Verfügbarkeit praktikabler Alternativen vergrößert weiter die Möglichkeiten. Von diesen allgemeinen Bemerkungen ausgehend kann man sich ein Bild von Organisationen machen, die für eine Veränderung reif sind, und solchen, die es nicht sind. Um eine für Veränderung reife Organisation würde es sich handeln, wenn sie in Hinblick auf irgendein wichtiges Ziel versagt hätte und sowohl die Autoritätsfiguren als auch andere aus der Organisation eine Anpassungsreaktion befürworteten; in dieser Organisation würde es sowohl alternative Möglichkeiten des sozialen Vergleichs geben, die von Bedeutung in Hinblick auf die Ursachen des Versagens wären, als auch Zugang zu wichtigen Ressourcen außerhalb der Organisation, seien das nun Fähigkeiten, alternative Verfahren, Geld, Material oder neue Organisationsmitglieder. Umgekehrt wird die Organisation, die nicht für eine Veränderung reif ist, relativ erfolgreich sein; die Autoritätsfiguren werden Veränderungen nicht befürworten; es wird keine ersichtlichen alternativen Grundlagen für sozialen Vergleich geben und keinen Zugang zu externen Ressourcen. Zweifellos befinden sich die meisten Gruppen und Organisationen irgendwo zwischen diesen beiden Extremen. Wenn weiterhin eine Entwicklung stattfinden soll, die es zum Ziel hat, den Grad an Veränderung und Stabilität in Gruppen und Organisationen zu beeinflussen, müssen wir zu einem genaueren Verständnis gelangen, welche dieser verschiedenen Dimensionen unter welchen Bedingungen besonders wichtig sind. Gegenwärtig verfügen wir über eine Reihe von Begriffen und Verfahren, die für die Richtungsbestimmung unseres Handelns nicht nutzlos sind.

Literaturverzeichnis

Adams, J. S. (1965): Inequity in social exchange. In: L. Berkowitz (Hg.): Advances in experimental social psychology, Bd. 2. New York (Academic Press), S. 267—299.

—, Jacobson, P. R. (1964): Effects of wage inequities on work quality. *Journal of Abnormal and Social Psychology*, 69, S. 19—25.

Adams, J. S. und Rosenbaum, W. E. (1962): The relationship of worker productivity to cognitive dissonance about wage inequities. *Journal of Applied Psychology*, 46, S. 161—164.

Allport, F. H. (1920): The influence of the group association and thought. *Journal of Experimental Psychology*, 3, S. 159—182.

Andrews, I. R. (1967): Wage inequity and job performance. *Journal of Applied Psychology*, 51, S. 39—45.

Argyris, C. (1968; deutsch: 1972): Unerwartete Folgen »strenger Forschung«. *Gruppendynamik*, 3, Nr. 1, S. 5—22.

— (1969): The incompleteness of social-psychological theory. *American Psychologist*, 24, S. 893—908.

Aronson, E. (1969): The theory of cognitive dissonance: a current perspective. In L. Berkowitz (Hg.): Advances in experimental social psychology, Bd. 4. New York (Academic Press), S. 1—34.

Asch, S. E. (1956): Studies of independence and conformity: a minority of one against an unanimous majority. *Psychological Monographs*, 70, Nr. 9.

Back, K. W. (1972): Beyond words: the story of sensitivity training and the encounter movement. New York (Russell Sage Foundation); daraus dt. (1974): Die Landschaft der Gruppenbewegung (Originaltitel: Landscape). In *Gruppendynamik*, Nr. 4, S. 249—258.

Bales, R. F. (1958): Task roles and social roles in problemsolving groups. In E. E. Maccoby; T. M. Newcomb und R. L. Hartley (Hg.): Readings in social psychology. New York (Holt), 3. Aufl., S. 437—446.

Barker, R. G. (1968): Ecological psychology: concepts and methods for studying the environment of human behaviour. Stanford (Stanford U. P.).

—; Gump, P. V. (1964): Big school, small school: high school size and student behaviour. Stanford (Stanford U. P.).

Batchelder, R. L. und Hardy, J. M. (1968): Using sensitivity training and the laboratory method: an organisational case study in the development of human resources. New York (Association Press).

Baumrind, D. (1964): Some thoughts on ethics of research: on reading Milgrams »Behavioural study of obedience«. *American Psychologist*, 19, S. 421—423.

Bavelas, A. (1948): A mathematical model for group structures. *Applied Anthropology*, 7, S. 16—30.

Beckhard, R. (1966): An organisation improvement programme in a decentralised organisation. *Journal of Applied Behavioural Science*, 2, S. 3—26.

Benedict, B. A., Calder, P. H.; Callahan, D. M.; Hornstein, H. A. und Miles, M. B. (1967): The clinical-experimental approach to assessing organisational change efforts. *Journal of Applied Behavioural Science*, 3, S. 347—380.

Benne, K. D. (1964; dt. 1972): Geschichte der Trainingsgruppe im Laboratorium. In L. P. Bradford; J. R. Gibb u. K. D. Benne (Hg.): Gruppentraining. T-Gruppentheorie und Laboratoriumsmethode. Stuttgart (Klett), S. 95—154.

Bennett, E. B. (1955): Discussion, decision, commitment and consensus in »group decision«. *Human Relations*, 8, S. 251—274.

Blake, R. R. und Mouton, J. S. (1962): The intergroup dynamics of win-lose conflict and problem-solving collaboration in union-management relations. In M. Sherif (Hg.): Intergroup relations and leadership: approaches and research in industrial, ethnic, cultural and political areas. New York (Wiley), S. 94—141.

— (1964): The managerial grid. Deutsch (1972): Besser verkauft durch GRID. Düsseldorf (Econ).

— (1965): The union-management intergroup Laboratory. *Journal of Applied Behavioural Science*, 1, S. 25—57; dt. (gekürzt) in W. G. Bennis, K. D. Benne und R. Chin (Hg.; 1975): Änderung des Sozialverhaltens. Stuttgart (Klett), S. 179—199.

Blake, R. R., Mouton, J. S., Barnes, L. B. und Greiner, L. (1964): Breakthrough in organizational development. *Harvard Business Review*, 42, S. 133—155.

Bolman, L. (1971): Some effects of trainers on their T-groups. *Journal of Applied Behavioural Science*, 7, S. 309—325.

Bouchard, T. J. Jr. (1969): Personality, problem-solving procedure and performance in small groups. *Journal of Applied Psychology Monographs*, 53, S. 1—29.

Boyd, J. B. und Ellis, J. D. (1962): Findings of research into senior management seminars. Toronto (Hydro-electric power commission of Ontario).

Brown, R. (1965): Social psychology. New York (Free Press).

Bunker, D. R. (1965): Individual applications of laboratory training. *Journal of Applied Behavioural Science*, 1, S. 131—147.

—, Knowles, E. S. (1967): Comparison of behavioural changes resulting from human relations training laboratories of different lengths. *Journal of Applied Behavioural Science*, 3, S. 505—523.

Campbell, J. P. und Dunnette, M. D. (1968): Effectiveness of T-group experiences in managerial training and development. *Psychological Bulletin*, 70, S. 73—104.

Caplow, T. (1968): Two against one: coalitions in triads. Englewood Cliffs, N. J. (Prentice-Hall).

Carey, A. (1967): The Hawthorne studies: a radical critique. *American Sociological Review*, 32, S. 403—416.

Carlson, S. (1951): Executive behaviour: a study of the workload and working methods of managing directors. Stockholm (Stromberg).

Christie, R. und Geis, F. L. (Hg.; 1970): Studies in machiavellianism. New York (Academic Press).
Christie, R., Gergen, K. J. und Marlowe, D. (1970): The penny-dollar caper. In R. Christie und F. L. Geis (Hg.): Studies in Machiavellianism. New York (Academic Press), S. 173—189.
Clark, R. D. III (1971): Group induced shift toward risk: a critical appraisal. *Psychological Bulletin*, 76, S. 251—271.
Coch, L. und French, J. R. P., Jr. (1948): Overcoming resistance to change. *Human Relations*, 1, S. 512—532.
Collins, B. E. und Guetzkow, H. A. (1964): A social psychology of group processes for decision-making. New York (Wiley).
Collins, O., Dalton, M. und Roy, D. (1946): Restriction of output and social cleavage in industry. *Applied Anthropology*, 5, S. 1—14.
Cooper, C. L. (1969): The influence of the trainer on participant change in T-groups. *Human Relations*, 22, S. 515—530.
—, Mangham, I. L. (1971): T-groups: a survey of research. London (Wiley).
Crutchfield, R. S. (1955): Conformity and character. *American Psychologist*, 10, S. 191—198.
Dalton, M. (1959): Men who manage. New York (Wiley).
Danziger, K. (1971): Socialisation. Harmondsworth (Penguin).
Darley, J. M. und Aronson, E. (1966): Self-evaluation vs. direct anxiety reduction as determinants of the fear-affiliation relationship. *Journal of Experimental Social Psychology*, Anhang 1, S. 66—79.
Davis, J. H. (1969): Group performance. Reading, Mass. (Addison-Wesley).
Davis, S. (1967): An organic problem-solving method of organisation change. *Journal of Applied Behavioural Science*, 3, S. 3—21.
Deutsch, M., Epstein, Y., Canavan, D. und Gumpert, P. (1967): Strategies of inducing cooperation: an experimental study. *Journal of Conflict Resolution*, 11, S. 345—360.
Deutsch, M. und Solomon, L. (1959): Reactions to evaluations by others as influenced by self-evaluations. *Sociometry*, 22. S. 93—112.
Dion, K. L., Baron, R. S. und Miller, N. (1970): Why do groups make riskier decisions than individuals? In L. Berkowitz (Hg.): Advances in experimental social psychology, Bd. 5. New York (Academic Press), S. 305—377.
Exline, R., Thibaut, J., Hickey, C. B. und Gumpert, P. (1970): Visual interaction in relation to machiavellianism and an unethical act. In R. Christie und F. L. Geis (Hg.): S. 53—76.
Festinger, L. (1954): A theory of social comparison processes. *Human Relations*, 7, S. 117—140.
— (1957): A theory of cognitive dissonance. Evanston, Ill (Row, Peterson).
— Schachter, S. und Back, K. (1950): Social pressures in informal groups: a study of human factors in housing. New York (Harper).
Fiedler, F. E. (1967): A theory of leadership effectiveness. New York (McGraw Hill).
— (1971 a): Validation and extension of the contingency model of leadership

effectiveness: a review of empirical findings. *Psychological Bulletin*, 76, S. 128—148.
— (1971 b): Note on the methodology of the Graen, Alvares & Orris studies testing the contingency model. *Journal of Applied Psychology*, 55, S. 202 bis 204.
— (1972): Personality, motivational systems and the behaviour of high and low LPC persons. *Human Relations*, 25, S. 391—412.
—, O'Brien, G. E. und Ilgen, D. R. (1969): The effect of leadership style upon the performance and adjustment of volunteer teams operationg in a stressful foreign environment. *Human Relations*, 22, S. 503—514.
Fleishman, E. A. und Harris, E. F. (1962): Patterns of leadership behaviour related to employee grievances and turnover. *Personnel Psychology*, 15, S. 43 bis 56.
French, J. R. P., Jr, Israel, J. und Ås, D. (1960): An experiment on participation in a Norwegian factory. *Human Relations*, 13, S. 3—19.
Friedlander, F. (1967): The impact of organisational training laboratories upon the effectiveness and interaction of ongoing work groups. *Personnel Psychology*, 20, S. 289—309.
— (1970): The primacy of trust as a facilitator of further group accomplishment. *Journal of Applied Behavioural Science*, 6, S. 387—400.
Friedman, A. und Goodman, P. (1967): Wage inequity, selfqualifications and productivity. *Organizational Behaviour and Human Performance*, 2, S. 406 bis 417.
Geis, F., Weinheimer, S. und Berger, D. (1970): Playing legislature: cool heads and hot issues. In R. Christie und F. L. Geis (Hg.): Studies in machiavellianism. New York (Academic Press), S. 190—209.
Gergen, K. J. (1969): The psychology of behaviour exchange. Reading, Mass. (Addison-Wesley).
Goldthorpe, J. H., Lockwood, D., Bechhofer, F. und Platt, J. (1968): The affluent worker: industrial attitudes and behaviour. Cambridge (Cambridge university Press); dt. (1971): Der wohlhabende Arbeiter in England. München.
Golembiewski, R. T. (1962): The small group: an analysis of research concepts and operations. Chicago (University of Chicago Press).
—, Carrigan, S. B. (1970 a): Planned change in organisation style based on the laboratory approach. *Administrative Science Quarterly*, 15, S. 79—93.
— (1970 b): The persistance of laboratory-induced changes in organisation styles. *Administrative Science Quarterly*, 15, S. 330—340.
Goodman, P. S. und Friedman, A. (1971): An examination of Adams' theory of inequity. *Administrative Science Quarterly*, 16, S. 271—288.
Gottschalk, L. A. und Pattison, E. M. (1969): Psychiatric perspectives on T-groups and the laboratory movement: an overview. *American Journal of Psychiatry*, 126, S. 823—839.
Graen, G. B., Alvares, K., Orris, J. B. und Martells, J. A. (1970): Contingency model of leadership effectiveness: antecedent and evidential results. *Psychological Bulletin*, 74, S. 183—194.

Graen, G. B., Alvares, K. und Orris, J. B. (1971): Contingency of leadership effectiveness: some experimental results. *Psychological Bulletin*, 55, S. 196 bis 201.

Greiner, L. E. (1967a): Antecedents of planned organisation change. *Journal of Applied Behavioural Science*, 3, S. 51—85.

— (1967 b): Patterns of successful organisation change. *Harvard Business Review*, 45, S. 119—128.

Gross, N., Giacquinta, J. B. und Bernstein, M. (1971): Implementing organisational innovations: a sociological analysis of planned educational change. New York (Harper Row).

Gross, N., Mason, W. S. und McEachern, A. W. (1958): Explorations in role analysis: studies in the school superintendency role. New York (Wiley).

Hakmiller, K. L. (1966): Threat as a determinant of downward comparison. *Journal of Experimental Social Psychology*, Anhang 1, S. 32—39.

Harford, T. und Solomon, L. (1969): Effects of a »reformed sinner« and a »lapsed saint« strategy upon trust formation in paranoid and non-paranoid schizophrenic patients. *Journal of Abnormal Psychology*, 74, S. 498—504.

Hargreaves, D. (1967): Social relations in a secondary modern school. London (Routledge, Kegan Paul).

Harrow, M., Astrachan, M. B., Tucker, G. J., Klein, E. B. und Miller, J. C. (1971): The T-group and study group laboratory experiences. *Journal of Social Psychology*, 85, S. 225—237.

Hearn, G. (1957): Leadership and the spatial factor in small groups. *Journal of Abnormal and Social Psychology*, 54, S. 269—273.

Heider, F. (1958): The psychology of interpersonal relations. New York (Wiley).

Helmreich, R. L. und Collins, B. E. (1967): Situational determinants of affiliative preference under stress. *Journal of Personality and Social Psychology*, 6, S. 79—85.

Hollander, E. P. (1960): Competence and conformity in the acceptance of influence. *Journal of Abnormal and Social Psychology*, 61, S. 365—369.

—, Julian, J. W. (1970): Studies in leader legitimacy, influence and innovation. In L. Berkowitz (Hg.): Advances in experimental social psychology, Bd. 5, New York (Academic Press), S. 33—69.

Hollander, E. P. und Willis, R. H. (1967): Some current issues in the psychology of conformity and non-conformity. *Psychological Bulletin*, 68, S. 62—76.

Homans, G. C. (1950; dt.: 1970): Theorie der sozialen Gruppe, Köln u. Opladen (Westdeutscher Verlag).

— (1961; dt.: 1969): Elementarformen sozialen Verhaltens. Köln u. Opladen (Westdeutscher Verlag).

— (1967; dt.: 1969): Was ist Sozialwissenschaft? Köln u. Opladen (Westdeutscher Verlag).

Horne, J. H. und Lupton, T. (1965): The work activities of »middle« managers. *Journal of Management Studies*, 1, S. 14—33.

Hovland, C. I. (1959): Reconciling conflicting results derived from experimental and survey studies of attitude change. *American Psychologist*, 14, S. 8—17.

Hulin, C. L. und Blood, M. R. (1968): Job enlargement, individual differences and worker responses. *Psychological Bulletin*, 69, S. 41—55.

Jaffé, S. L. und Scherl, D. J. (1969): Acute psychosis precipitated by T-group experiences. *Archives of General Psychiatry*, 21, S. 443—448.

Kahn, R. L., Wolfe, D. M., Quinn, R. P., Snoek, J. D. und Rosenthal, R. A. (1964): Organisational stress: studies in role conflict and ambiguity. New York (Wiley).

Kelman, H. C. (1968): A time to speak: on human values and social research. San Francisco (Jossey-Bass).

Kogan, N. und Wallach, M. A. (1967): Risk-taking as a function of the situation, the person and the group. In T. M. Newcomb (Hg.): New directions in psychology III. New York (Holt, Rinehart and Winston).

Lacey, C. (1970): Hightown Grammar: the school as a social system. Manchester (Manchester University Press).

Lawrence, P. R. und Lorsch, J. W. (1967): Organisation and environment: managing differentiation and integration. Division of research, Graduate School of Business, Harvard University.

— (1969): Developing organisations: diagnosis and action. Reading, Mass. (Addison-Wesley).

Leavitt, H. J. (1951): Some effects of certain communication patterns on group performance. *Journal of Abnormal and Social Psychology*, 46, S. 38—50.

Lewin, K. (1958): Group decision and social change. In E. F. Maccoby, T. M. Newcomb und R. L. Hartley (Hg.): Readings in social psychology, 3. Aufl. New York (Holt), S. 197—211.

Lieberman, M. A., Yalom, I. D. und Miles, M. B. (1972; dt.: 1974): Die Wirkung von Encounter-Gruppen auf ihre Teilnehmer — einige vorläufige Hinweise. *Gruppendynamik*, Nr. 4, S. 231—248.

Likert, R. (1961): New patterns of management. New York (McGraw Hill).

— (1967): The human organisation: its management and values. New York (McGraw Hill).

Lippitt, R. und White, R. K. (1958): An experimental study of leadership and group life. In E. E. Maccoby, T. M. Newcomb und R. L. Hartley (Hg.): Readings in social psychology, 3. Aufl. New York (Holt), S. 496—510.

Lowin, A. (1968): Participative decision-making: a model, literature critique and prescriptions for research. *Organizational Behaviour and Human Performance*, 3, S. 68—106.

—, Craig, J. R. (1968): The influence of level of performance on managerial style: an experimental object lesson in the ambiguity of correlational data. *Organizational Behaviour and Human Performance*, 3, S. 440—458.

Lupton, T. (1963): On the shop floor. Oxford (Pergamon).

Madaras, G. R. und Bem, D. J. (1968): Risk and conservatism in group decision-making. *Journal of Experimental Social Psychology*, 4, S. 350—365.

Maier, N. R. F. und Hoffman, L. R. (1960): Using trained »developmental« discussion leaders to improve further the quality of group decisions. *Journal of Applied Psychology*, 44, S. 247—251.

Mann, R. D. (1959): A review of the relationships between personality and performance in small groups. *Psychological Bulletin*, 56, S. 241—270.

Marquis, D. G. (1962): Individual responsibility and group decisions involving risk. *Industrial Management Review*, 3, S. 8—23.

Marrow, A. J., Bowers, D. G. und Seashore, S. E. (1967): Management by participation: creating a climate for personal and organisational development. New York (Harper Row).

Miles, M. B. (1964): On temporary systems. In M. B. Miles (Hg.): Innovation in education. New York (Bureau of Publications, Teachers College, Columbia University), S. 437—490.

— (1965): Changes during and following laboratory training: a clinical-experimental study. *Journal of Applied Behavioural Science*, 1, S. 215—242.

Milgram, S. (1963): Behavioural study of obedience. *Journal of Abnormal and Social Psychology*, 67, S. 371—378.

— (1964 a): Issues in the study of obedience: reply to Baumrind. *American Psychologist*, 19, S. 848—852.

— (1964 b): Group pressures and action against a person. *Journal of Abnormal and Social Psychology*, 69, S. 137—143.

— (1965 a): Liberating effects of group pressures. *Journal of Personality and Social Psychology*, 1, S. 127—134.

— (1965 b): Some conditions of obedience and disobedience to authority. *Human Relations*, 18, S. 57—76.

Morse, N. C. und Reimer, E. (1956): The experimental change of a major organisational variable. *Journal of Abnormal and Social Psychology*, 52, S. 120 bis 129.

Moscow, D. (1971): T-group training in the Netherlands: an evaluation and cross-cultural comparison. *Journal of Applied Behavioural Science*, 7, S. 427—448.

Nemeth, C. (1970): Bargaining and reciprocity. *Psychological Bulletin*, 74, S. 297—308.

Newcomb, T. (1943): Personality and social change: attitude formation in a student community. New York (Holt, Rinehart and Winston).

— (1961): The acquaintance process. New York (Holt, Rinehart and Winston).

Olson, P. und Davis, J. H. (1964): Divisible tasks and pooling performance in groups. *Psychological Reports*, 15, S. 511—517.

Osborn, A. F. (1957): Applied imagination. New York (Scribner's).

Patchen, M. (1961 a): The choice of wage comparisons. Englewood Cliffs, N. J. (Prentice Hall).

— (1961 b): A conceptual framework and some empirical data regarding comparisons of social rewards. *Sociometry*, 24, S. 136—156.

Pelz, D. C. und Andrews, F. M. (1966): Scientists in organisations: productive climates for research and development. New York (Wiley).

Peters, D. R. (1966): Identification and personal change in laboratory training. Unveröffentlichte Dissertation, School of Industrial Management, M. I. T.

Pollack, H. B. (1971): Change in homogeneous and heterogeneous sensitivity training groups. *Journal of Consulting and Clinical Psychology*, 37, S. 60—66.

Pritchard, R. D. (1969): Equity theory: a review. *Organizational Behaviour and Human Performance*, 4. S. 176—211.
Pugh, D. S. (1965): T-group training from the point of view of organisational theory. In F. P. G. Whitaker (Hg.): T-group training: group dynamics in management education. Oxford (Blackwell), S. 44—50.
Radloff, R. und Helmreich, R. L. (1968): Groups under stress: psychological research in Sealab II. New York (Appleton, Century-Crofts).
Raven, B. H. und French, J. R. P., Jr. (1958): Legitimate power, coercive power and observability in social influence. *Sociometry*, 21, S. 83—97.
Reddy, W. B. (1972): Interpersonal compatibility and self-actualisation in sensitivity training. *Journal of Applied Behavioural Science*, 8, S. 237—240.
Revans, R. W. (1972): Hospitals: communication, choice and change. London (Tavistock).
Roethlisberger, F. J. und Dickson, W. J. (1939): Management and the worker. Cambridge, Mass. (Harvard University Press).
Rosenthal, B. G. (1971): The nature and development of the encounter group movement. In L. Blank, G. B. Gottsegen und M. G. Gottsegen (Hg.): Confrontation: encounters in self and interpersonal awareness. New York (MacMillan).
Rosenthal, R. und Rosnow, R. L. (Hg.; 1969): Artifact in behavioural research. New York (Academic Press).
Ross, W. D., Kligfeld, M. und Whitman, R. W. (1971): Psychiatrists, patients and sensitivity groups. *Archives of General Psychiatry*, 25, S. 178—180.
Sayles, L. R. (1958): The behaviour of industrial work groups. New York (Wiley).
Schachter, S. (1959): The psychology of affiliation: experimental studies of the sources of gregariousness. Stanford, Calif. (Stanford University Press).
Schein, E. H. und Bennis, W. G. (1965): Personal and organisational change through group methods: the laboratory approach. New York (Wiley).
Schmuck, R. A., Runkel, P. J. und Langmeyer, D. (1969): Improving organisational problem-solving in a school faculty. *Journal of Applied Behavioural Science*, 5, S. 455—482.
Schultz, D. P. (1964): Panic behaviour. New York (Random House).
Seashore, S. E. (1954): Group cohesiveness in the industrial work group. Ann. Arbor. Mich. (Institute for Social Research).
—, Bowers, D. G. (1970): Durability of organisational change. *American Psychologist*, 25, S. 227—233.
Shaw, M. E. (1964): Cummunication networks. In L. Berkowitz (Hg.): Advances in experimental social psychology, Bd. 1 New York (Academic Press).
—, Blum, J. M. (1966): Effects of leadership style upon group performance as a function of task structure. *Journal of Personality and Social Psychology*, 3, S. 238—242.
Sherif, M. (1936): The psychology of social norms. New York (Harper).
— (1967): Group conflict and co-operation: their social psychology. London (Routledge, Kegan Paul).

Slater, P. E. (1955): Role differentiation in small groups. *American Sociological* Review, 20, S. 300—310.

Smith, P. B. (1963): Differentiation between sociometric rankings: a test of four theories. *Human Relations,* 16, S. 335—350.

— (1968): Training and developing executives. In D. Pym (Hg.): Industrial Society: social sciences in management. Harmondsworth (Penguin).

—, Honour, T. F. (1969): The impact of phase I managerial grid training. *Journal of Management Studies,* 6. S. 318—330.

Snadowsky, A. (1972): Communication-network research: an examination of controversies. *Human Relations,* 25, S. 383—406.

Sommer, R. (1967): Small group ecology. *Psychological Bulletin,* 67, S. 145—152.

— (1969): Personal space: the behavioural basis of design. Englewood Cliffs, N. J. (Prentice Hall).

Steinzor, B. (1950): The spatial factor in face to face discussion groups. *Journal of Abnormal and Social Psychology,* 45, S. 552—555.

Stoner, J. F. (1961): A comparison of individual and group decisions including risk. Unpublizierte Arbeit zur Erlangung des Master-Grades, School of Industrial Management, M. I. T.

Stouffer, S. A., Suchman, E. A., Devinney, L. C., Star, S. A. und Williams, R. N. (1949): The American soldier: Bd. 1, Adjustment during army life. Princeton, N. J. (Princeton University Press).

Strauss, G. (1963): Notes on power equalisation. In H. J. Leavitt (Hg.): The social science of organizations: four perspectives. Englewood Cliffs, N. J. (Prentice-Hall), S. 39—84.

Swinth, R. L. (1967): The establishment of the trust relationship. *Journal of Conflict Resolution,* 11, S. 335—344.

Sykes, A. J. M. (1962): The effect of a supervisory training course in changing supervisors' perceptions and expectations of the role of management. *Human Relations,* 15, S. 227—244.

Taylor, D., Berry, P. C. und Block, C. H. (1958): Does group participation when using brainstorming facilitate or inhibit creative thinking? *Administrative Science Quarterly,* 3, S. 23—47.

Taylor, J. C. (1971): Some effects of technology in organisation change. *Human Relations,* 24, S. 105—123.

Teahan, J. E. (o. J.): Role Playing and group experience to facilitate intragroup dialogue. Mimeographed, Wayne State University, Detroit.

Thibaut, J. W. (1968): The development of contractual norms in bargaining: replication and variation. *Journal of Conflict Resolution,* 12, S. 102—122.

—, Kelley, H. H. (1959): The social psychology of groups. New Nork (Wiley).

Thornton, D. A. und Arrowood, A. J. (1966): Self-evaluation, self-enhancement and the locus of social comparison. *Journal of Experimental Social Psychology,* Anhang 1, S. 40—48.

Triplett, N. (1898): The dynamogenic factors in pacemaking and competition. *American Journal of Psychology,* 9, S. 507—533.

Trist, E. L., Higgin, G., Pollock, H. E. und Murray, H. A. (1963): Organisational choice. London (Tavistock).
Underwood, W. J. (1956): Evaluation of laboratory method training. *Training Directors' Journal*, 19, S. 34—40.
Valiquet, M. I. (1968): Individual change in a management development programme. *Journal of Applied Behavioural Science*, 4, S. 313—326.
Verba, S. (1961): Small groups and political behaviour: a study of leadership. Princeton, N. J. (Princeton University Press).
Vroom, V. (1960): Some personality determinants of the effects of participation. Englewood Cliffs, N. J. (Prentice-Hall).
Wallach, M. A. und Wing, C. W., Jr. (1968): Is risk a value? *Journal of Personality and Social Psychology*, 9, S. 101—106.
Wallston, K. A. (1972): Performance styles as a determinant of effectiveness in an information-seeking task. *Journal of Personality*, 40, S. 211—225.
Walton, R. E. (1969): Interpersonal pacemaking: confrontations and third-party consultation. Reading, Mass. (Addison-Wesley).
Weick, K. E. (1967): Organisations in the laboratory. In V. Vroom (Hg.): Methods of organisational research. Pittsburgh (University of Pittsburgh Press), S. 1—56.
Weiss, W. (1969): Effects of the mass media of communication. In G. Lindzey (2. Aufl.). Reading, Mass. (Addison-Wesley).
Wheeler, L. (1966): Motivation as a determinant of upward comparison. *Journal of Experimental Social Psychology*, Anhang 1, S. 27—31.
— u. a. (1969): Factors determining choice of a comparison other. *Journal of Experimental Social Psychology*. 5, S. 219—232.
Wieland, G. F. und Leigh, H. (Hg.; 1971): Changing hospitals: a report on the hospital internal communications project. London (Tavistock).
Willis, R. H. und Hollander, E. P. (1964): An experimental study of three response modes in social influence situations. *Journal of Abnormal and Social Psychology*, 69, S. 150—156.
Winn, A. (1966; dt. 1971): Sozialer Wandel in der Industrie. Von der Einsicht zur Verwirklichung. Gruppendynamik, 2, Nr. 1, S. 22—34; auch enthalten in Bennis, Benne, Chin (Hg.; 1975): Änderung des Sozialverhaltens. Stuttgart (Klett).
Woodward, J. (1965): Industrial organisation: theory and practice. London (Oxford University Press).
Wrightsman, L. S., Jr. (1960): Effects of waiting with others on changes in level of felt anxiety. *Journal of Abnormal and Social Psychology*, 61, S. 216 bis 222.
Yalom, I. und Lieberman, M. A. (1971): A study of encounter group casualties. *Archives of General Psychiatry*, 25, S. 16—30.
Zajonc, R. (1965): Social facilitation. *Science*, 149, S. 269—274.
Zald, M. (1962): Power balance and staff conflict in correctional institutions. *Administrative Science Quarterly*, 7, S. 22—49.

Personen- und Sachregister